Gerente Minuto

A biblioteca do gerente-minuto

O gerente-minuto (com Kenneth Blanchard)
O gerente-minuto em ação (com Robert Lorber)
O gerente-minuto desenvolve equipes de alto desempenho
O gerente-minuto e a administração do tempo
A liderança e o gerente minuto
A mãe-minuto
O pai-minuto
O professor-minuto (com Constance Johnson)
O vendedor-minuto (com Larry Wilson)
O presente precioso
Um minuto para mim
"Sim" ou "Não"
Quem mexeu no meu Queijo?
O poder da administração ética
Você também pode ser um líder

Kenneth Blanchard, Ph.D.
Dr. Donald Carew
Dra. Eunice Parisi-Carew

O Gerente Minuto

Desenvolve Equipes de Alto Desempenho

Tradução de
LUCIA SIMONINI

Revisão Técnica
PETROS KATALIFÓS
Gerente de Desenvolvimento de Recursos Humanos
Grupo Siemens — Brasil

13ª EDIÇÃO

EDITORA RECORD
RIO DE JANEIRO • SÃO PAULO

2025

CIP-Brasil. Catalogação-na-fonte
Sindicato Nacional dos Editores de Livros, RJ.

B571g
13ª ed.

Blanchard, Kenneth H., 1939-
  O gerente-minuto desenvolve equipes de alto desempenho / Kenneth Blanchard, Donald Carew, Eunice Parisi-Carew; tradução de Lucia Simonini. – 13ª ed. – Rio de Janeiro: Record, 2025.
  (A biblioteca do gerente-minuto)

  Tradução de: The one minute manager builds high performing teams
  ISBN 978-85-01-03932-3

  1. Grupos de trabalho. 2. Liderança. I. Carew, Donald. II. Parisi-Carew, Eunice. III. Título. IV. Série.

93-0386

CDD – 658.3128
CDU – 658.387

Título original norte-americano
THE ONE MINUTE MANAGER BUILDS HIGH PERFORMING TEAMS

Copyright © 1990 by Blanchard Family Partnership, Don Carew and Eunice Parisi-Carew

Direitos exclusivos de publicação em língua portuguesa para o Brasil adquiridos pela
DISTRIBUIDORA RECORD DE SERVIÇOS DE IMPRENSA S.A.
Rua Argentina 171 – Rio de Janeiro, RJ – 20921-380 – Tel.: 2585-2000
que se reserva a propriedade literária desta tradução

Impresso no Brasil

ISBN 978-85-01-03932-3

Seja um leitor preferencial Record
Cadastre-se no site www.record.com.br e receba informações sobre nossos lançamentos e nossas promoções.

Atendimento e venda direta ao leitor:
sac@record.com.br

EDITORA AFILIADA

 *O Símbolo*

O símbolo do Gerente-Minuto — a indicação de um minuto no mostrador de um moderno relógio digital — destina-se a lembrar a todos nós a reservar um minuto em nosso dia para observar as fisionomias das pessoas que gerenciamos. E, também, a nos fazer compreender que *elas* são os nossos recursos mais importantes.

*A nossas mães
Dorothy, Marjorie e Jenny,
que nos deram nossas primeiras aulas
sobre empoderar e amar
outras pessoas.*

Introdução

Nunca antes na história empresarial o conceito de trabalho de equipe foi tão importante para o funcionamento de empresas de sucesso. Com as rápidas mudanças sociais, tecnológicas e de informações que estão ocorrendo, nossa sociedade vê-se diante de tensões jamais conhecidas. Nossas empresas são mais complexas e competitivas. Já não podemos depender de alguns poucos indivíduos talentosos para assumirem a liderança. Se pretendemos sobreviver, devemos imaginar maneiras de aproveitar a criatividade e o potencial das pessoas em todos os níveis.

Junte a essas mudanças uma população que se transforma, uma mudança em valores e na ética tradicional do trabalho, e você terá uma demanda crescente por modernas estruturas organizacionais e por uma nova definição de liderança. As pessoas estão exigindo mais. Elas desejam satisfação, assim como um bom salário.

Como resultado, vem ocorrendo um movimento intenso pela participação e envolvimento dos empregados que é chamado de *Terceira Revolução* nos métodos de gerenciamento. Uma nova estrutura organizacional começa a se formar — a equipe, que incrementa a participação e o comprometimento e propicia criatividade e o desenvolvimento de habilidades. O líder de hoje precisa ser capacitador de pessoas e facilitador de equipes — não apenas como líder eficaz de grupo, mas também como membro eficaz de grupo.

A equipe da Blanchard Training and Development (BTD) tem feito intenso trabalho na área de equipes de alto desempenho nos últimos dez anos, e os seus sócios fundadores, Don Carew e Eunice Parisi-Carew, lideram esse trabalho. Eles têm sido grandes amigos há mais de vinte anos, e temos passado muitas horas trabalhando juntos na implementação dos conceitos deste livro. Acredito que os conceitos ensinados através de parábola em *O Gerente-Minuto Desenvolve Equipes de Alto Desempenho* apresentam um roteiro nítido para conduzir a jornada rumo a equipes mais satisfatórias e produtivas.

Conforme você verá, nosso trabalho sobre equipes está perfeitamente integrado com a Liderança Situacional II (*Liderança e o Gerente-Minuto**). De fato, aperfeiçoamentos no modelo de Liderança Situacional foram estimulados por nossa pesquisa sobre desenvolvimento de equipe, e devo a Don e Eunice a introdução de muitas dessas mudanças. Seu compromisso com a criação de oportunidades para que as pessoas tenham vidas mais compensadoras e produtivas e as empresas sejam mais interessadas, criativas e bem-sucedidas representa o núcleo de seu trabalho.

As idéias neste último acréscimo à Biblioteca do Gerente-Minuto foram compartilhadas com milhares

---

*Publicado no Brasil pela Record.

de pessoas em todos os tipos de equipes e empresas, e esses conceitos nunca deixaram de produzir grande impacto. Espero que este livro seja tão informativo e útil para você e sua equipe quanto tem sido para elas.

Kenneth Blanchard, Ph.D.
Co-Autor
O Gerente-Minuto

Sumário

O Gerente-Minuto Recebe um Telefonema 15
O Problema 17
A Importância dos Grupos 20
Características de uma Equipe de
  Alto Desempenho 23
A Importância da Visão 30
Diagnóstico 32
Entendendo a Dinâmica de Grupo 35
Estágio 1: Orientação 39
Estágio 2: Insatisfação 45
Estágio 4: Produção 55
Estágio 3: Resolução 62
Mudanças na Produtividade e no Moral 69
Flexibilidade 72
Quatro Estilos de Liderança 75
Funções de Tarefa e de Manutenção 79
Ensinando Outra Pessoa 81
Utilizando os Conceitos 84
Respondendo às Perguntas 87

Conduzindo a Jornada para o Empoderamento 89
Quando Modificar um Estilo de Liderança 93
Regressão 100
Observação do Processo 101
Entendendo a Dinâmica de Grupo 105
O Gerente como Educador 106
Os Novos Gerentes-Minuto 110
Partilhando com Outros 113
Homenagens 116
Sobre os Autores 118
Serviços Disponíveis 122

O GERENTE-MINUTO estava olhando pela janela de seu escritório. Ainda era seu local favorito quando queria refletir. Enquanto contemplava os jardins, o toque do telefone surpreendeu-o. De volta à realidade, caminhou até a mesinha em frente a seu sofá e tirou o monofone do gancho. Quando estava no escritório, o Gerente-Minuto gostava de atender seus próprios telefonemas.

A voz do outro lado da linha era de Dan Brockway, diretor de treinamento de uma grande empresa de produtos químicos.

— Como é que vai, Dan? — perguntou o Gerente-Minuto.

— Tudo bem, mas estou realmente precisando de umas dicas para o nosso curso de Fundamentos de Gerência.

O curso de Fundamentos de Gerência era um novo programa de treinamento que Dan estava ministrando na companhia. Enfocava as principais habilidades necessárias para a eficácia de um gerente nos anos 90. Ele passara algum tempo com o Gerente-Minuto enquanto preparava o curso e estava entusiasmado com o interesse do *top management* da empresa em proporcionar a todos os gerentes a última palavra sobre o assunto.

— Você não acabou de apresentar o primeiro módulo?

— Acabei, sim — replicou Dan. — E as reações foram ótimas, com uma exceção. Uma jovem chamada Maria Sanchez, que coordena os programas de atendimento a clientes, tem algumas preocupações sérias sobre a validade de uma parte do material. Na verdade, ela me escreveu uma carta sobre o assunto e mandou cópias para o pessoal da cúpula.

— Quais eram as preocupações dela? — perguntou o Gerente-Minuto.

— ELA disse que os conceitos ensinados prendem-se primariamente ao gerenciamento de pessoas como indivíduos, o que os torna limitados. Ela afirma que 50 a 90% do tempo da maioria dos gerentes é empregado em algum tipo de atividade de grupo com duas ou mais pessoas, mas que, apesar disso, o nosso curso não enfatiza nem um pouco o trabalho em equipe. Por isso, não estamos atendendo a uma das atividades mais importantes do trabalho de um gerente.
— Isso é interessante — falou o Gerente-Minuto. — Conte-me mais.
— Ela também acha que os conceitos de Gerência-Minuto estão excessivamente baseados no controle. O gerente define os objetivos, elogia e repreende. Vou ler trechos da carta dela:

"Nós precisamos de gerentes que promovam o trabalho em equipe, facilitem a solução de problemas em grupo e focalizem a atenção e o entusiasmo do grupo no aperfeiçoamento contínuo. No mundo de hoje, a produtividade de grupo muitas vezes é mais importante do que o cumprimento de tarefas individuais. O sucesso de cada gerente devia depender do quanto o seu grupo se aperfeiçoa em termos de qualidade e produtividade numa base contínua. Sistemas que jogam um membro do grupo contra outro têm de ser modificados de modo que a prioridade de cada membro da equipe seja a realização da missão do grupo. Para fazer isso, os gerentes precisam renunciar a grande parte do controle que exercem sobre seus subordinados. Quando isso acontece, cria-se um sentimento de identificação grupal e o grupo desenvolve o orgulho proveniente de realizações de alta qualidade. Você nunca ouvirá 'não é meu problema', ou 'não tenho nada com isso', numa empresa em que se pratique o trabalho de equipe."

— Ela parece ser uma pessoa e tanto — afirmou o Gerente-Minuto. — Como posso ajudar você?

— Você poderia ditar uma resposta para a carta? Ela é realmente capaz de acabar com nosso programa inteiro se não a fizermos entrar na linha.

— Não acho que ela esteja no rumo errado — replicou o Gerente-Minuto. — Na realidade eu gostaria de conhecê-la. Parece que está bem atenta a algumas questões importantes. Considero os princípios da Gerência-Minuto bem fundamentados, mas concordo quando ela diz que, se esses princípios são ensinados sem que se faça qualquer abordagem às habilidades de trabalho em grupo, a coisa fica pela metade. Vamos almoçar amanhã no restaurante do Hotel City e eu explico para você por que acho que Maria está na pista certa.

— Para mim, está ótimo. Parece que ainda tenho algumas coisas para aprender.

— Não fique preocupado. Nós nos veremos amanhã!

No dia seguinte, no almoço, o Gerente-Minuto foi direto ao assunto.

— Dan, eu costumava ficar frustrado no trabalho apesar de conhecer todos os tipos de técnicas de gerência eficazes. Durante muito tempo, não consegui entender por que me sentia frustrado. Um dia finalmente percebi, assim como sua amiga Maria, que a maior parte do meu trabalho não era supervisionar e trabalhar com pessoas individualmente, e sim trabalhar com pessoas em grupos.

— Pensei muito sobre no que você disse ontem à noite — comentou Dan. — Então você realmente não acha que passamos muito tempo supervisionando pessoas individualmente?

— Não, não acho. Na verdade, a maioria dos gerentes gasta menos de 30% do tempo supervisionando diretamente seus colaboradores como indivíduos. Eles passam a maior parte do tempo em reuniões de grupo, lidando com seus colaboradores ou com colegas e seu chefe, ou com pessoas externas à companhia, como clientes ou fornecedores. Quando percebi isso pela primeira vez, resolvi que precisava aprender algo mais sobre grupos e como eles funcionam.

— Você poderia me contar o que aprendeu? — perguntou Dan.

— Em primeiro lugar — disse o Gerente-Minuto —, quando os grupos funcionam de modo eficaz, podem resolver problemas mais complexos, tomar melhores decisões, liberar mais a criatividade e desenvolver melhores habilidades e maior comprometimento individuais do que quando os indivíduos trabalham sozinhos.
— Eles também não podem destruir a produtividade? — quis saber Dan.
— Com certeza, se não forem bem gerenciados. É por isso que o líder de hoje precisa ser um desenvolvedor de pessoas e facilitador de grupos.
— O que mais você aprendeu?
— Em segundo lugar, todos os grupos são diferentes, singulares — continuou o Gerente-Minuto.
"Todos eles são sistemas vivos, dinâmicos, complexos e mutantes, que, assim como os indivíduos, possuem padrões de comportamento e vida própria.
— Como os grupos se diferenciam? — perguntou Dan.
— Bem, existem diferenças óbvias de tamanho, objetivo e tipos de pessoas, mas uma diferença importante que muitas vezes passa despercebida é o estágio de desenvolvimento — afirmou o Gerente-Minuto. — Todos os grupos atravessam estágios semelhantes, à medida que passam de um apanhado de indivíduos, quando se reúnem pela primeira vez, para uma equipe que funciona de maneira coordenada e eficaz.

— Você quer dizer que todos os grupos passam pelos mesmos estágios de desenvolvimento, independente do seu objetivo, tamanho ou da freqüência com que se reúnem? — perguntou Dan.

— Em geral, sim, mas basicamente me refiro a equipes que interagem regularmente face a face, têm um elenco relativamente constante de membros, cujo número oscila entre dois e quinze, que trabalham juntos numa tarefa ou problema em comum. Podem ser unidades permanentes de trabalho, grupos de trabalho, equipes de projeto ou comissões com objetivos de curto prazo, equipes esportivas ou mesmo grupos sociais ou famílias.

— Isso, com certeza, inclui a maioria dos grupos de que já fiz parte — afirmou Dan. — Mas e os grupos maiores?

— Os mesmos estágios também podem ser observados em grupos maiores — respondeu o Gerente-Minuto. — Mas, quando os grupos possuem mais de quinze ou vinte pessoas, tornam-se menos eficazes e devem ser divididos em unidades menores para cumprirem tarefas ou resolverem problemas.

— Faz sentido. Como você descreveria uma equipe eficaz?

—A̲NTES de responder, gostaria que você se lembrasse de alguma equipe ou grupo importante do qual participou. Pense numa equipe que produziu resultados de alta qualidade e fez você sentir orgulho de fazer parte dela.

— Não existiram muitas equipes desse tipo, mas a equipe com que tenho trabalhado no desenvolvimento do curso, Fundamentos de Gerência, chega perto disso. Nos últimos seis meses, cinco de nós temos trabalhado juntos e estamos satisfeitos com nossas realizações.

— Quero que você pense nessa equipe e faça uma lista dos fatores que você acredita que têm contribuído para a sua eficácia. Eu preciso dar um telefonema, mas daqui a dez minutos estarei de volta para verificarmos a lista — disse o Gerente-Minuto.

— Tudo bem — respondeu Dan, e começou a fazer anotações.

Depois do telefonema, o Gerente-Minuto pediu a Dan que lhe mostrasse a lista.

— Não é muito grande — afirmou Dan —, mas acho que contém algumas das principais características dos grupos eficazes com que já trabalhei:

1. Eu sei o que preciso fazer e os objetivos da equipe são claros.
2. Todos assumem um certo grau de responsabilidade pela liderança.
3. Existe participação ativa de todos.
4. Eu me sinto valorizado e apoiado pelos outros.
5. Os membros da equipe me escutam quando eu falo.
6. Diferenças de opinião são respeitadas.
7. Nós gostamos de trabalhar juntos e achamos nosso convívio prazeroso e divertido.

— É um ótimo começo, Dan — disse o Gerente-Minuto —, e é exatamente o que já observei em equipes de alto desempenho. Criei o acróstico PERFORM, que indica as características de uma equipe eficaz. Imprimi em pequenos cartões para as pessoas andarem sempre com ele. — O Gerente-Minuto tirou do bolso do paletó um cartão e o entregou a Dan. Tinha os seguintes dizeres:

Características de Equipes de Alto Desempenho

Propósito
Empoderamento
Relacionamentos e Comunicação
Flexibilidade
Ótimo Desempenho
Reconhecimento e Apreço
Moral

— É muito interessante — afirmou Dan. — Eu gostaria de saber como você descreve essas variáveis.

— Claro — falou o Gerente-Minuto, entregando um questionário para Dan. — Este é um formulário criado por mim, que descreve cada característica e permite a você avaliar uma equipe à qual pertence. Enquanto você lê, pense na sua própria equipe de trabalho.

Dan começou a ler:

Formulário de Avaliação de Equipes de Alto Desempenho

Pense como seu grupo seria avaliado numa escala de 1 a 5
(1 = baixo; 5 = alto)

Propósito
1. Os membros podem descrever um propósito comum com que estão comprometidos.
2. Os objetivos são claros, desafiadores e relevantes para o propósito.
3. As estratégias para atingir os objetivos são claras.
4. As atribuições individuais são claras.

Empoderamento
5. Os membros têm uma sensação pessoal e coletiva de poder, inclusive no que concerne à tomada de decisões.
6. Os membros têm acesso a conhecimentos, informações e recursos necessários.
7. Políticas e métodos apóiam os objetivos do grupo.
8. O respeito mútuo e o desejo de ajuda recíproca são evidentes.

Características de uma Equipe de Alto Desempenho / 27

Relacionamentos e Comunicação
9. Os membros manifestam-se de maneira aberta e honesta.
10. Calor humano, compreensão e aceitação são expressos.
11. Os membros escutam-se ativamente uns aos outros.
12. Diferenças de opinião e pontos-de-vista são valorizadas.

Flexibilidade
13. Os membros desempenham diferentes papéis e funções conforme necessário.
14. Os membros compartilham a responsabilidade pela liderança e desenvolvimento do grupo.
15. Os membros adaptam-se a mudanças nas exigências.
16. Diferentes idéias e enfoques são explorados.

Ótimo Desempenho
17. O rendimento é alto.
18. A qualidade é excelente.
19. A tomada de decisões é eficaz.
20. O processo de solução de problemas é transparente.

Reconhecimento e Apreço
21. Contribuições individuais são reconhecidas e apreciadas pelo líder e por outros membros.
22. As realizações de grupo são reconhecidas pelos membros.
23. Os membros do grupo sentem-se respeitados.
24. As contribuições do grupo são valorizadas e reconhecidas pela empresa.

Moral
25. Os indivíduos sentem-se bem por participarem do grupo.
26. Os indivíduos sentem-se confiantes e motivados.
27. Os membros têm uma sensação de orgulho e satisfação em relação ao trabalho.
28. Existe forte sentido de coesão e espírito de equipe.

— Obrigado — disse Dan quando terminou de ler o formulário. — Isso ajuda muito. Eu avaliaria nosso grupo em 4 ou 5 em cada uma das categorias. Tivemos um propósito claro, sentimo-nos empoderados, nosso relacionamento e comunicação eram bons, éramos flexíveis, nossa qualidade e desempenho eram altos, nos sentíamos apreciados e reconhecidos e o moral era forte. Mas é triste não poder dizer a mesma coisa em relação à maioria dos outros grupos com que já trabalhei.

— É triste, sim — falou o Gerente-Minuto. — Não seria maravilhoso se todas as equipes de nossa empresa pudessem atribuir a si mesmas o termo PERFORM?

— E como seria — replicou Dan. — Se isso acontecesse mesmo, moral e produtividade ultrapassariam o topo do gráfico. Vi um cartaz num quadro de avisos de uma escola que expressava a importância do desenvolvimento de equipes. Dizia:

*

*NENHUM DE NÓS
É TÃO INTELIGENTE QUANTO
TODOS NÓS JUNTOS*

*

— Como isso é verdade — afirmou o Gerente-Minuto. — E se nós agíssemos de acordo com esse pensamento, imagine a diferença que existiria no modo como as pessoas se sentem a respeito de si mesmas e de seu trabalho. E é isso o que as pessoas estão exigindo nos dias de hoje. Elas querem realização assim como um bom salário.
— Das características do PERFORM, alguma é mais importante do que outra?
— Não — declarou o Gerente-Minuto. — Todas possuem funções diferentes. Uma equipe eficaz começa com um *propósito* claro. Os resultados esperados são *ótima produtividade* e bom *moral*. Os meios para esses fins são o *empoderamento, relacionamentos* e *comunicação, flexibilidade* e *reconhecimento* e *apreço*.
— Então, a primeira coisa que um líder eficaz precisa fazer é criar um propósito comum ou visão que ajude a equipe a caminhar na direção certa — sugeriu Dan.
— Isso é essencial — afirmou o Gerente-Minuto.
— Uma visão comum a todas as pessoas deixa claro por que estão trabalhando juntas e ajuda a todas elas a remarem na mesma direção.

"Recentemente, li uma bela história que se relaciona à importância do propósito. Dois operários estavam martelando um pedaço de granito com uma marreta. Quando alguém perguntou ao primeiro o que ele estava fazendo, ele disse: 'Estou tentando quebrar este granito.' Quando foi feita a mesma pergunta ao segundo trabalhador, ele falou: 'Faço parte de uma equipe que está construindo uma catedral.' A visão inspira o desempenho e o comprometimento. É crítico saber para onde você está indo e ter tudo se movimentando na mesma direção. Mas o alinhamento em torno de uma visão ou propósito compartilhados é apenas o início da jornada rumo a uma equipe de alto desempenho.

— Era disso que eu tinha medo — falou Dan, pensativo. — É útil saber como uma equipe de alto desempenho funciona, mas é um mistério para mim como as equipes chegam a esse ponto.

— Bem — replicou o Gerente-Minuto —, não é por acaso! E já não é um mistério como costumava ser. Aprendemos muito sobre dinâmica, desenvolvimento e liderança de grupos nos últimos quarenta anos. Mas muitas empresas não puseram em prática esse conhecimento de modo eficaz. Só recentemente entendemos quão poderoso pode ser o papel das equipes em melhorar a produtividade, a qualidade e a satisfação pessoal nas organizações.

— Estou convencido — disse Dan. — O que preciso fazer para ser um líder de grupo eficaz e como posso ajudar o meu pessoal?

— Todo o processo de desenvolver uma equipe de alto desempenho envolve três aptidões básicas por parte dos líderes e dos membros da equipe. A primeira é o *Diagnóstico*; a segunda, a *Flexibilidade*, e a terceira, o *Empoderamento*.

"Vamos começar com o Diagnóstico — continuou o Gerente-Minuto. — Entender a dinâmica e os padrões de comportamento que existem nos grupos é essencial se você deseja facilitar o desenvolvimento e a produtividade do grupo. Apercebi-me que o líder ou membro hábil do grupo deve fazer mais do que escutar e falar. Talvez a habilidade mais importante seja observar a equipe em ação. Os grupos são extremamente complexos. À medida que você aumenta o tamanho do grupo, o número de padrões de interação ou de subgrupos aumenta geometricamente. Com duas pessoas num grupo só existe um subgrupo, com quatro pessoas, onze subgrupos, e com oito pessoas, 247 subgrupos. Por causa dessa complexidade, é importante termos meios de observar o grupo que nos ajudem a entender o que está acontecendo.

— Entendi! — exclamou Dan. — Pensando assim, parece quase impossível compreender o que pode estar acontecendo numa equipe.

— Não é impossível, Dan. Nós já conversamos sobre as características de uma equipe de alto nível de desempenho. Se tivermos em mente o modelo PERFORM, saberemos como gostaríamos que nossas equipes estivessem funcionando. Apesar de os grupos serem complexos, podemos observar algumas coisas que influenciam o moral e a produtividade de um grupo. Uma das primeiras etapas a ser cumprida tanto por líderes eficazes de grupo como por seus membros é se tornarem observadores e participantes eficazes ao mesmo tempo.

— Como eu começo a aprender mais sobre grupos?

— Uma maneira simples é passar a observar vários grupos. Gostaria que você viesse até nossa empresa, no início da próxima semana, se tiver tempo, e observasse o que ocorre em alguns grupos diferentes. Vou verificar, mas tenho certeza de que eles não vão se incomodar com um observador. Quero que você observe duas coisas que acontecem nos grupos.

O Gerente-Minuto puxou o bloco de anotações e desenhou um diagrama.

Elementos de Interação do Grupo

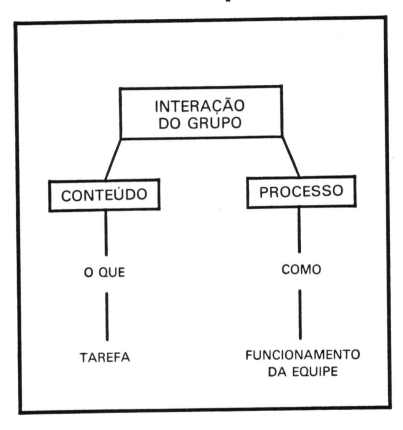

— O *conteúdo* é o que o grupo está fazendo: sua tarefa — disse o Gerente-Minuto. — Por exemplo, se mais tarde alguém perguntar a você o que aconteceu durante o nosso almoço, você dirá que conversamos sobre a importância e as características dos grupos. Na escola, todos fomos treinados para seguir o conteúdo e ignorar o processo. O conteúdo descreve *o que* foi feito numa reunião, enquanto o processo retrata *como* a equipe funciona. Processo é o que está acontecendo com os membros do grupo e entre eles, como, por exemplo, disputa pela liderança, comunicação e os modos como as decisões são tomadas. É preciso se concentrar para poder perceber. Infelizmente, muitas vezes prestamos pouca atenção ao processo, apesar de sua importância capital, porque ele afeta o resultado. Os líderes que não se preocupam em observar o processo do grupo podem não enxergar por que as pessoas se sentem infelizes apesar de a agenda da reunião estar sendo cumprida. Quando isso acontece, comentários do tipo "eu deveria ter dito" começam a aparecer nos corredores, banheiros, escadas, elevadores e estacionamentos — explicou o Gerente-Minuto.

Ele novamente escreveu em seu bloco de anotações e disse:

— Esta lista é um lembrete útil para mim sempre que estou observando o processo de um grupo.

Quando ele terminou, destacou a página onde estava escrito:

O QUE OBSERVAR EM GRUPOS

— Comunicação e participação

— Tomada de decisão

— Conflito

— Liderança

— Objetivos e atribuições

— Normas do grupo

— Solução de problemas

— Clima/estado de espírito do grupo

— *Comunicação e participação* — prosseguiu o Gerente-Minuto — tratam de quem fala com quem; quem é deixado de fora; quem fala mais etc. *Tomada de decisão* aborda como um grupo se comporta quanto a selecionar um procedimento: votação, consenso, falta de reação etc. O *conflito* é inevitável e necessário para alcançar soluções eficazes e criativas para problemas, e esclarece como o grupo lida com o conflito — fuga, transigência, competição, colaboração etc. A *liderança* trata de quem está influenciando quem. Para ser eficaz, uma equipe deve ter *atribuições claras* (quem faz o quê) e *objetivos* (o que pretendem conseguir?). As *normas do grupo* constituem as suposições ou expectativas que regem os tipos de comportamento apropriados, ou não, dentro do grupo. São as regras básicas que determinam o comportamento do grupo. Que regras são mais óbvias neste grupo? A *solução eficaz de problemas* implica identificar e formular o problema, gerar soluções alternativas, analisar conseqüências, planejar ação e avaliação. Como o grupo resolve problemas? E, finalmente, o *clima do grupo* refere-se aos sentimentos ou estado de espírito do grupo — quão satisfeito parece estar.

— Isto é muita coisa para ser observada — afirmou Dan —, ainda mais se você é membro do grupo.

— É verdade — concordou o Gerente-Minuto. — Mas todos os líderes de equipes, e também membros de grupos, precisam praticar a arte de serem observadores participantes.

— O que isso significa?
— Significa envolver-se totalmente com o conteúdo ou com a agenda, seja lá qual for, e ainda ser capaz de observar de certa distância as dinâmicas que estão ocorrendo no grupo.
— Então, por exemplo, se estivermos tomando uma decisão, preciso estar envolvido na decisão propriamente dita, e também ficar de olho na maneira como a decisão é tomada? — perguntou Dan.
— É exatamente isso. Se a decisão é tomada de atropelo apenas por um ou dois membros e não há consenso, você pode se ver sozinho e ter pouco apoio na hora de implementar a decisão.
— É, já vi isso acontecer — sorriu Dan. — Mas parece duro ser ao mesmo tempo participante e observador.
— No começo, sim. Mas a aptidão para ser um observador participante é exatamente como qualquer outra habilidade humana. Pode ser aprendida e praticada até se tornar intuitiva.
— Parece um desafio — afirmou Dan.
— E é. Requer concentração e prática. Isso começa com aprender a observar e acompanhar a dinâmica que ocorre num ambiente de grupo. Entender essa dinâmica é a chave para diagnosticar o funcionamento de um grupo e seu estágio de desenvolvimento.

D AN começou a fazer uma observação de grupo na segunda-feira à tarde. O Gerente-Minuto conseguiu que ele assistisse à reunião de um grupo de trabalho incumbido de rever o processo de avaliação de desempenho, presidida por Ron Tilman, o diretor operacional da empresa.

Dan chegou na segunda-feira alguns minutos antes do horário programado para a reunião. Encontrou todos os membros já reunidos, tomando café e conversando amigavelmente. Sorrindo, ele introduziu-se na conversa, que terminou pontualmente às 14:00, quando um homem de aparência jovial, com cinqüenta e poucos anos, entrou na sala e imediatamente dirigiu-se a Dan, estendendo-lhe a mão.

— Boa tarde. Sou Ron Tilman. Que bom você ter vindo.

Após cumprimentar os membros da equipe e apresentar Dan ao resto do grupo, Ron iniciou a reunião.

— Estou entusiasmado com este grupo de trabalho. Vejo vocês como um grupo muito importante, que pode provocar um forte impacto em nossa empresa. Nossa missão é revisar nosso sistema de avaliação de desempenho, de tal forma que estimule níveis mais elevados de motivação e desempenho em toda a empresa. Um sistema que funcione deveria ajudar todos a estabelecerem objetivos mais claros, saber como estão se saindo em relação a esses objetivos e prover uma estrutura que permita tanto a avaliação quanto o reconhecimento pelas realizações. Deveria ajudar os gerentes a serem mais eficazes no desenvolvimento da competência e do comprometimento dentro de sua equipe.

"Aquilo que desenvolvermos — continuou Ron — deverá ajudar esta empresa a ser uma organização vencedora tanto para nossos funcionários quanto para nossos clientes. É uma tarefa complexa e precisaremos aprender a trabalhar juntos, a ser abertos na nossa comunicação, compartilhar as responsabilidades de liderança e de tomadas de decisão e nos transformar numa equipe de alto nível de desempenho.

"Nós temos um mês para realizar essa tarefa. O primeiro passo é elucidar nossa missão e chegar a um acordo quanto aos objetivos e às funções que cada um de vocês terá na sua realização.

Ron passou a escrever as funções e os objetivos do grupo num *flipchart* na cabeceira da mesa.

Dan ficou impressionado com a eficiência da abertura da reunião, mas um pouco incomodado com o tom diretivo de Tilman. Ele observou a ansiedade do grupo e, apesar de suas expectativas serem pouco realistas (por exemplo, o fato de sentirem possível realizar a tarefa em um mês), ficou surpreso por Tilman não promover o entusiasmo do grupo à medida que a reunião progredia, mas continuar, ao contrário, a insistir na tarefa.

Após a reunião, Dan aproximou-se de Tilman.

— Bem, o que você achou da nossa primeira reunião? — perguntou Tilman.

— Para ser franco, não sei bem. Gostei da maneira como você apresentou a situação e como iniciou o assunto. Mas também notei algumas pessoas preocupadas com a tarefa e alguns membros pareciam estar um pouco tensos.

— Sim — disse Ron. — Sempre que se tem um grupo novo, os membros ficam preocupados, pensando como vão se encaixar neste novo grupo. Isso provoca certa cautela e desconfiança entre os membros No início, pode-se esperar uma combinação de cautela e entusiasmo. O que você achou do meu estilo de liderança?

— Bem — sorriu Dan —, você foi meio direto. Mais do que eu poderia esperar, mas parece que funcionou. Não prejudicou o entusiasmo deles. Na verdade, todos pareceram aliviados.

— Acha que eles têm uma base sólida para começar? — questionou Tilman.

— Com certeza. Acho que eles possuem uma noção global do propósito e estão começando a entender seus objetivos e funções.

— É o que eu queria. Todo grupo novo precisa ter uma percepção do propósito assim como clareza dos objetivos do grupo e das funções individuais. Fico contente por você ter visto isso acontecer. Obrigado por ter vindo.

Dan encontrou-se mais tarde com o Gerente-Minuto, que lhe perguntou:
— Bem, como foi o encontro com o grupo de trabalho responsável pela nova avaliação de desempenho?
— Acho que foi bom. Os seus comentários sobre criar uma visão comum se confirmaram. Ron passou algum tempo delineando um propósito e o que ele esperava. Todos pareciam ansiosos, mas eles precisavam de um sentido de direção. Ron claramente forneceu esse tipo de liderança. Se é esse o seu segredo para criar equipes de alto desempenho, então eu entendi: o líder tem de assumir o comando.
— Não é assim tão simples — falou o Gerente-Minuto. — Lembre-se de que essa foi a primeira reunião do grupo de trabalho e os membros precisavam conhecer bem sua missão, seus objetivos e responsabilidades. Todas as equipes passam por estágios em seu desenvolvimento, e você acabou de descrever o que é bastante típico num grupo no primeiro estágio. Dou a isso o nome de Estágio de *Orientação* ou Estágio 1. Este cartão contém um resumo do que acontece no Estágio 1.
Quando o Gerente-Minuto entregou o cartão para Dan, este leu:

Estágio de Desenvolvimento de Grupo 1 — Orientação

Características

Os membros:

- Sentem-se relativamente ávidos com grandes expectativas
- Sentem uma certa ansiedade: Onde eu me encaixo? O que esperam de mim?
- Testam a situação e as figuras centrais
- Dependem de autoridade e hierarquia
- Precisam encontrar um lugar e situar-se

— O Estágio de Orientação me faz lembrar de como os cachorros reagem ao se encontrarem pela primeira vez. Eles correm animadamente mas, antes de brincarem, ficam muito desconfiados uns com os outros e se examinam bem. Chamo isso de estágio do farejamento. À medida que a equipe progride, passa para outros estágios.

— Entendo — sorriu Dan, ainda pensando nos cachorros. — Então, você quer dizer que existem vários estágios e que as coisas mudam com o crescimento da equipe.

— Exatamente. Antes de falarmos sobre os outros estágios, gostaria que você visitasse outro grupo na nossa empresa que está mais adiantado do que o de Ron. Temos uma equipe de melhoria de produtividade que vem se reunindo há algumas semanas, tentando analisar a questão de reclamações de clientes e problemas de faturamento. Vou descobrir quando será a próxima reunião e pedir que você participe como observador.

— Parece interessante. Amanhã então eu telefono para você.

— Não, eu descubro agora mesmo — disse o Gerente-Minuto, enquanto discava um número e chamava por Susan Schaefer. — Susan, estou aqui com um rapaz que quer aprender sobre equipes de alto desempenho. Será que ele poderia assistir à próxima reunião de seu grupo de trabalho?

Dan não podia ouvi-la, mas Susan disse ao Gerente-Minuto:

— Ele pode observar, mas conosco ele não vai aprender muito sobre equipes eficazes.

—É por isso mesmo — disse o Gerente-Minuto.
— Quero que ele veja como os grupos crescem e se desenvolvem. Pelo que você me falou, sua equipe está no estágio que a maioria dos grupos enfrenta: *Insatisfação* ou Estágio 2.
— Acho que você tem razão — afirmou Susan.
— Vamos nos reunir na quarta-feira às 14:00. Diga a ele para chegar por volta de 13:45, e eu conto a situação para ele, em poucas palavras.
— Boa tarde — disse Dan ao encontrar Susan no vestíbulo fora de seu escritório. — O Gerente-Minuto me mandou aqui para observar seu grupo de trabalho.
— Certo. Vamos ter nossa quarta reunião dentro de poucos minutos. O grupo de trabalho possui quatro pessoas do departamento de expedição, duas da contabilidade, três de vendas e o diretor do centro de processamento de dados. Estamos trabalhando para melhorar nosso sistema de faturamento e de contas a receber, e reduzir as reclamações dos clientes. Temos tido dificuldades para localizar as áreas com problemas. Por que você não vem à reunião, senta-se a uma certa distância e observa?

Dan assim o fez: sentou-se num canto, enquanto os outros se agrupavam. Susan iniciou a reunião às 14:05, mas uma das pessoas disse que deviam aguardar até que todos chegassem. Uma outra levantou-se inesperadamente e saiu. Às 14:10, todos tinham chegado e Susan começou:

— Esta é a nossa quarta reunião e, apesar de termos estabelecido objetivos para corrigir as falhas de faturamento e reduzir as queixas dos clientes, não chegamos a um acordo sobre estratégias e planos de ação definidos para realizar essas tarefas.

— Isso não é verdade — replicou Sam, membro do departamento de vendas. — Fornecemos à contabilidade informações precisas sobre os nossos pedidos, mas parece que eles não conseguem encontrar as informações.

Imediatamente, um dos contadores e o diretor do CPD também começaram a falar e, durante alguns minutos, todos estavam falando ao mesmo tempo. A sessão parecia caótica e Dan já não conseguia acompanhar que tópico estava sendo discutido.

Depois de cerca de cinco minutos, Susan bateu com o punho na mesa e disse:

— Chega. Desse jeito não vamos chegar a lugar algum. Todos vocês estão falando ao mesmo tempo. Quero uma pessoa falando de cada vez. Vamos começar por aqui e, em uma frase, gostaria que cada um de vocês identificasse o que considera a questão mais importante.

O processo pareceu ajudar a esclarecer alguns dos problemas. Entretanto, as pessoas ainda pareciam frustradas, apesar de estar nítido que começavam a entender alguns dos principais aspectos do problema.
— Bem, o que você achou? — perguntou Susan a Dan quando saíram da reunião por volta de 15:30.
— Estou confuso — respondeu ele. — Eu me senti pouco à vontade. Todos pareciam frustrados e algumas pessoas estavam até irritadas. Quando você abordava uma tarefa, assumia o controle e pedia a participação deles, pareciam estar desafiando você, e uns aos outros, ou se alienando do grupo. E depois você elogiou o grupo no final, apesar de antes ter feito críticas.
— Entendo sua confusão — falou Susan. — Vamos conversar de novo sobre isso mais tarde. Agora, tenho outro compromisso.

Essa reunião, pensou Dan, me fez lembrar de vários grupos com que trabalhei nos últimos anos. É por isso que não gosto de grupos e reuniões. É por isso que...

*

ALGUMAS PESSOAS REFEREM-SE ÀS REUNIÕES COMO UM EVENTO NO QUAL VOCÊ REDIGE ATAS E DESPERDIÇA HORAS

*

Dan riu consigo mesmo ao pensar nessa afirmação. "Acho que é melhor do que dizer 'Um camelo é um cavalo projetado por uma comissão', embora isso represente bem minha experiência com grupos."
Dan ainda estava confuso quando voltou ao escritório do Gerente-Minuto para discutir sua experiência.
— Foi uma reunião e tanto — disse ele ao entrar no escritório. — O que me deixa mais confuso é você ter chamado aquilo de Estágio 2. Aquele grupo parecia menos produtivo e menos amigável do que o grupo que você disse estar no Estágio 1.
— Está certíssimo — exclamou o Gerente-Minuto — e previsível. É por isso que o chamamos de Estágio de *Insatisfação*. É o que acontece quando a lua-de-mel acaba. Este cartão vai descrever o que acontece neste estágio.
Quando o Gerente-Minuto entregou outro cartão a Dan, ele começou a ler:

Estágio de Desenvolvimento de Grupo 2 — Insatisfação
Características

Os membros:

- Sentem uma discrepância entre expectativas e realidade
- Sentem-se insatisfeitos com a dependência em relação à autoridade
- Sentem-se frustrados: sentem raiva a respeito de objetivos, tarefas e planos de ação
- Sentem-se incompetentes e confusos
- Reagem de modo negativo em relação a líderes e outros membros
- Disputam entre si pelo poder e/ou atenção
- Vivenciam polaridades: dependência/contradependência

— Isso ajuda — falou Dan. — Esse estágio então não é muito eficaz, é?
— Espere aí — disse o Gerente-Minuto. — Você está tirando conclusões apressadas e fazendo uma porção de suposições. Eu disse que era o Estágio 2, mas não disse que era um estágio improdutivo. É um estágio pelo qual todos os grupos passam para se tornarem produtivos. É um estágio raramente evitado, se é que chega a ser evitado.
— Você quer dizer que todos os grupos têm de passar por esse estágio ruim ou improdutivo para poderem chegar a algum lugar?
— Exatamente — respondeu o Gerente-Minuto.
— Mas eu não o chamaria de estágio "ruim", assim como não chamaria um adolescente de uma pessoa "ruim". É apenas o processo pelo qual precisamos passar à medida que o grupo se desenvolve. Apesar de esse estágio ser caracterizado por disputas pelo poder e conflitos, também é a nascente da criatividade e da valorização das diferenças.
— Bem, me pareceu que não apenas a produtividade não era muito grande, mas também que as pessoas estavam se sentindo péssimas e o moral do grupo estava baixo.

52 / Estágio 2: Insatisfação

— Isso ocorre com muita freqüência nos grupos — afirmou o Gerente-Minuto. — Ocorre uma queda no moral e no empenho à medida que as pessoas se dão conta que a tarefa do grupo é mais difícil do que tinham imaginado no início. Conforme você pode ler no cartão, as pessoas ficam insatisfeitas com a pessoa que está conduzindo o grupo e muitas vezes umas com as outras. Freqüentemente têm reações negativas porque os objetivos parecem inatingíveis. Elas podem ter sentimentos de confusão ou incompetência. Como resultado desses sentimentos, é comum ocorrer uma queda no moral. De fato, alguns grupos começam nesse estágio. Isso é realmente verdadeiro quando se trata de uma tarefa indesejável, como o "enxugamento" numa empresa. Se os membros da equipe não estiverem ali voluntariamente ou se a tarefa parecer trabalho extra, então o grupo pode começar com baixo moral e pouca competência, ou seja, Estágio 2. Mas é importante que você se lembre de que:

*

NENHUM ESTAGIO DE DESENVOLVIMENTO É RUIM

CADA ESTÁGIO FAZ PARTE DA JORNADA RUMO À PRODUÇÃO

*

"Os grupos precisam trabalhar esses sentimentos inerentes ao Estágio da Insatisfação — continuou o Gerente-Minuto. — Eles têm de ser estimulados a expressar seus sentimentos de frustração e confusão de modo que se possa lidar com esses sentimentos e resolvê-los.
— Vou ter de acreditar na sua palavra — afirmou Dan. — Mas uma parte tão grande da minha experiência é semelhante ao que acabei de observar, que estou me sentindo desencorajado quanto à possibilidade de alguns dos seus conceitos serem realmente aplicáveis na prática a grupos e equipes.

— Antes de conversarmos mais, vou pedir-lhe que observe outro grupo. Isso talvez lhe dê idéias sobre o que pode acontecer em seguida, à medida que os grupos se desenvolvem.

A reunião habitual do departamento de expedição era marcada para as segundas-feiras às 8:45. Dan acordou cedo, imaginando como seria o grupo que iria observar. Depois de um café da manhã apressado, ele entrou no carro. E, então, aconteceu. O carro não pegava. Apesar de todas as tentativas, não conseguia dar a partida no motor. O tempo passava. Finalmente, em desespero, ele chamou um táxi. Quando chegou à empresa, a reunião do departamento de expedição tinha começado fazia dez minutos. Ele abriu a porta em silêncio e sentou-se no fundo da sala. No entanto, sua entrada não passou despercebida. Todos os quinze membros pararam de trabalhar e cada um apresentou-se e deu-lhe as boas-vindas. Quiseram que ele se sentasse à mesa de reuniões, mas Dan recusou. Após as apresentações, o grupo voltou ao trabalho.

Enquanto os observava, Dan reparou como tratavam da tarefa com entusiasmo. Estavam buscando uma maneira de reduzir em 15% o tempo de determinado procedimento. Eles apontavam para tabelas e gráficos nas paredes. Dan estava fascinado com o sistema de acompanhamento do progresso do grupo em relação ao objetivo de reduzir os 15%, e prometeu a si mesmo explorar esse processo mais a fundo com o gerente do departamento de expedição. Uma coisa o intrigava: quem liderava o grupo?

Ele estava completamente desconcertado: o grupo trabalhava bem rápido, compartilhando informações e propondo idéias. As pessoas divergiam entre si, e até se confrontavam, mas sempre pareciam chegar a um denominador comum. Os membros do grupo brincavam e zombavam uns dos outros. Em determinado momento, o grupo dividiu-se em três subgrupos a fim de encontrar solução para uma questão relativa a certo procedimento. Em seguida, reuniram-se novamente e chegaram a um consenso. A atmosfera era de muita energia e produtividade. Mas quem era o líder? Parecia não existir nenhum. O grupo parecia mover-se como uma unidade em que diferentes pessoas assumiam a liderança em diferentes ocasiões. Dan estava atônito.

Às 10:15, um homem alto e de aparência séria, de trinta e poucos anos, entrou na sala.

— Desculpem o atraso. Tive outro compromisso.

O grupo o cumprimentou e continuou a trabalhar. O homem alto aproximou-se de Dan.
— Sou Neil Henry. Como vai?
— Bem — respondeu Dan.
— Falo com você depois. Preciso verificar o que já aconteceu até agora na reunião.
Dan ficou curioso sobre esse membro faltoso e como o grupo lidaria com uma nova pessoa. Para sua surpresa, o trabalho continuou no mesmo ritmo. Neil contribuiu com idéias, ocasionalmente reforçando e elogiando, ou discordando. Suas contribuições não diferiam das outras e eram aceitas da mesma maneira. Às 10:45, a reunião terminou. Ao se encaminharem para a porta, os membros expressaram seu apreço por Dan ter podido juntar-se a eles. Dan ficou impressionado. Nunca estivera numa reunião onde tanta coisa fosse alcançada de maneira tão eficiente e com atitude tão positiva. Era como se o grupo agisse como uma unidade e não como uma série de indivíduos. Ele não pôde deixar de pensar na analogia com uma máquina bem lubrificada em que todas as partes funcionam em perfeita harmonia para produzir um efeito desejado.
Seus pensamentos foram interrompidos com a aproximação de Neil.
— Espero que você tenha aprendido o que queria. Eles são um grupo e tanto. Estamos trabalhando juntos há dois anos. Eles realmente não precisam mais de mim.

Dan arregalou os olhos.
— Você é o chefe do departamento?
— Sou, por quê? — Neil sorriu.
Dan gaguejou um pouco.
— Era isso que eu não conseguia imaginar.
— Ah! — exclamou Neil com um risinho de satisfação. — Sei que é diferente do que você está acostumado a ver, mas não foi sempre assim. Já tivemos nossos tempos difíceis. Mas meu objetivo sempre foi de me tornar desnecessário gradualmente, à medida que o grupo se desenvolvia. E hoje eu diria que já chegamos lá, você não acha?
— Claro que sim. Agora tudo faz sentido. É preciso modificar a liderança de acordo com o estágio de desenvolvimento do grupo. O objetivo é fazer o grupo chegar aonde está, não apenas realizando a tarefa eficientemente, mas funcionando de modo eficaz como uma equipe.
— Você entendeu bem. Quando se faz isso, o grupo se encontra no estágio de *Produção*.

Depois da reunião, Dan correu para o escritório do Gerente-Minuto, cantarolando com entusiasmo.
— Ele está aí? — perguntou Dan.
— Está, mas tem alguém com ele. Estará livre dentro de pouco tempo — respondeu Dana, a assistente executiva do Gerente-Minuto.

Enquanto esperava, Dan refletiu sobre suas experiências nos últimos dias e fez algumas anotações:

1. Os membros do comitê de avaliação de desempenho mostravam-se entusiasmados, mas preocupados com seu papel em relação às suas tarefas. Eles estavam no Estágio 1: Orientação. Conheciam mal as tarefas. Ron Tilman utilizou-se de comportamento altamente diretivo para explicar a missão, determinar atribuições e objetivos e definir tarefas. Havia pouca interação bidirecional, a não ser no final, quando ele perguntou como as pessoas se sentiam e se haviam entendido os prazos e os passos seguintes.

2. Os membros do grupo de produtividade de Susan Schaefer estavam confusos e descontentes. Eles se encontravam no Estágio 2: Insatisfação. Progrediam, mas lentamente. Sue era muito assertiva na direção do grupo mas também encorajou as pessoas a expressarem pensamentos e opiniões.

3. O departamento de expedição estava trabalhando de maneira tão entrosada e com tanta eficiência que a ausência de Neil, o chefe do departamento, não pareceu ser notada. Ele disse que estavam no estágio de produção. O grupo mostrava-se entusiasmado e altamente produtivo. As contribuições de Neil não eram diferentes daquelas dos outros membros. Mas como aquele grupo alcançou esse estágio?

Dan pensou sobre a pergunta. Instintivamente, sentiu que faltava uma parte. Um grupo não podia simplesmente passar de um conjunto de indivíduos descontentes para uma unidade de tal modo sinérgica e produtiva

Enquanto pensava, o Gerente-Minuto apareceu.
— Oi, Dan, como vão as coisas? O entusiasmo de Dan fora substituído por uma expressão de preocupação.
— Você parece meio confuso — afirmou o Gerente-Minuto.
— E estou. Veja bem, eu vi um grupo começando. O líder do grupo teve o cuidado de expor todo o fundamento e fornecer orientação. O outro grupo que observei estava indo devagar, cumprindo a tarefa, mas parecia muito fragmentado. Lembrava as reuniões a que estou acostumado. Susan não parecia perturbada com isso. Ela forneceu muita direção em termos de tarefas e também conseguiu que as pessoas trabalhassem juntas, ouvindo pacientemente.
"Em seguida, visitei o grupo de Neil, que estava no estágio de produção. Tudo parecia dar certo. Os membros apreciavam a companhia uns dos outros e o trabalho, e o grupo se autogeria. Minha pergunta é: como ele chegou até lá? Eu perdi alguma coisa?
— Perdeu, sim — disse o Gerente-Minuto, sorrindo. — Você pulou um estágio importante no desenvolvimento de grupo, pois passou direto da insatisfação para a produção. Antes de falar sobre o estágio que faltou, quero lhe dar um cartão com o resumo do Estágio 4: Produção.
No cartão, lia-se:

Estágio de Desenvolvimento de Grupo 4 — Produção

Características

Os membros:

- Sentem-se entusiasmados por participar das atividades de equipe
- Trabalham de modo colaborador e interdependente no grupo e em subgrupos
- Sentem a força da equipe
- Demonstram grande confiança para realizar tarefas
- Compartilham a liderança
- Têm um sentimento positivo sobre o sucesso na execução das tarefas
- A equipe tem alto nível de desempenho

— Isso com certeza descreve a atuação do grupo de Neil — afirmou Dan. — Fale-me sobre o estágio que faltou.

— O estágio é chamado de *Resolução*. É a ponte entre a insatisfação que você presenciou no grupo de Susan e a eficiência e o entusiasmo do grupo de Neil.

— O que acontece nesse estágio? — perguntou Dan.

— A melhor maneira de entender o estágio de resolução é...

— Vivenciá-lo!

— Certíssimo. Geralmente, esse estágio é bastante curto — disse o Gerente-Minuto.

De repente o telefone na mesa do Gerente-Minuto tocou.

— Louise Gilmore está na linha. Peço para ela telefonar-lhe mais tarde?

— Espere um momento, atendo já. — Virando-se para Dan, com um sorriso: — Desculpe pela interrupção, Dan, mas pode ser exatamente o que estamos procurando.

"Olá, Louise. No que posso ajudá-la?

Após longo silêncio, o Gerente-Minuto esboçou um largo sorriso.

— Isso é ótimo, Louise. Como eu disse, você precisa confiar no processo. Ele funciona. Por falar nisso, o que você acharia de receber um visitante ña sua reunião de amanhã pela manhã? É um amigo meu, interessado no desenvolvimento de grupos. Parece que a sua reunião vai preencher uma lacuna importante. Obrigado. Ele vai estar lá.

"Tudo combinado. Amanhã, você vai assistir a uma reunião de planejamento estratégico que Louise vai fazer... isto é, se você quiser.
— Claro — respondeu Dan.
No dia seguinte, Dan chegou cedo ao escritório. Ele passara toda a corrida de táxi pensando em como tinha sorte por ter encontrado uma pessoa tão especial, que parecia ficar realmente satisfeita ao compartilhar informações com os outros. Informação é poder, e o Gerente-Minuto o distribuía sem restrições.
Louise Gilmore, a vice-presidente de planejamento estratégico, estava sentada quieta a sua mesa quando Dan chegou. Ela pareceu despertar quando ele entrou. Cumprimentou-o calorosamente com um sorriso simpático e um aperto firme de mão. Dan surpreendeu-se com sua vitalidade e afabilidade.
Entraram na sala de reuniões onde seis membros do grupo estavam conversando e brincando amigavelmente.
Louise apresentou Dan enquanto ele encontrava um lugar para sentar. Todos os membros da equipe o cumprimentaram cordialmente, porém com certa reserva. Dan não pôde deixar de sentir que sua presença não os deixava muito à vontade.

A reunião começou com Louise revisando as dificuldades que o grupo tinha tido para determinar a tendência e os objetivos do ano seguinte e depois os resultados com que finalmente haviam concordado. Houve muitas piadas e risos durante a revisão e brincadeiras amigáveis. Parecia que eles apreciavam e valorizavam a companhia dos colegas, apesar dos desacordos anteriores mencionados por Louise. Ela riu com eles.

A ordem do dia começava com novas decisões a serem tomadas. O grupo logo se envolveu, uns escutando os outros, evoluindo novas idéias a partir das contribuições feitas e, com freqüência, concordando de imediato. Dan observou fascinado como as coisas estavam acontecendo de modo tranqüilo. Após a abertura, Louise transferia o controle da reunião para outros membros à medida que os tópicos de discussão mudavam.

Havia uma atmosfera de respeito e educação no grupo. Dan notou que alguns membros começaram, com o passar do tempo, a falar menos. Para sua surpresa, justamente quando Dan pensou que uma decisão tivesse sido tomada, Louise falou.

— Bill, você não disse nada nos últimos dez minutos. Você vê algumas restrições?

— Sim, vejo, mas não são importantes.

— Por favor, vamos discuti-las — falou Louise.

— Se você está lembrado, nossas decisões mais criativas surgiram das nossas discordâncias.

— Tudo bem — concordou Bill e continuou cautelosamente. A princípio, os outros protestaram e em seguida o grupo iniciou uma discussão exacerbada sobre os prós e os contras dos novos pontos apresentados por Bill.

Dan pensou: "Ih, ela se perdeu. O grupo estava trabalhando bem antes disso."

Louise escutou, ajudou em algumas discordâncias, fundamentou os méritos de cada posicionamento e acrescentou o seu próprio. Outros membros começaram a fazer o mesmo.

De modo um tanto hesitante, Bill falou novamente.

— Com fundamento nos planos sobre os quais nós concordamos, se obtivermos o lucro esperado dos novos produtos e se os cortes que estamos fazendo em outros departamentos forem adequados, teremos recursos para fazer novos investimentos.

Enquanto ele falava, os outros escutavam e concordavam com a cabeça. Bill perguntou então se havia consenso na decisão. Todos os membros do grupo concordaram, entusiasmados. Logo depois, a reunião foi suspensa. Havia no ar um sentimento de realização e entusiasmo.

Os membros do grupo caminharam em direção à saída, todos parando para cumprimentar Dan. Eles pareciam se sentir confiantes e produtivos. Dan ouviu comentários do tipo "Boa reunião", "Que bom você ter vindo" e "Até que nos saímos bem".

ele. Quando a sala esvaziou-se, Louise veio falar com
— Então, Dan, o que achou?
— Incrível — respondeu Dan. — Durante algum tempo, pensei que o grupo não chegaria a nada, mas as pessoas parecem se sentir melhor e mais confiantes depois de terem discordado. Também notei que você abriu a reunião, em seguida deixou que eles a conduzissem, mas você voltou a intervir e ajudar quando foi necessário.
— Você pegou bem o espírito da coisa — sorriu Louise. — As pessoas estão se sentindo bem porque passaram por alguns desentendimentos juntas. É como num casamento recente, quando nem o marido nem a mulher querem discordar mesmo naquilo que não concordam. Mais tarde, depois de os dois superarem algumas diferenças, o casamento pode passar a ter bases mais sólidas. O perigo para um grupo ocorre quando esse sentimento de euforia impede a produtividade que surge do desentendimento. O resultado pode ser uma tendência ao Pensamento Grupal.
— Pensamento Grupal? O que é isso? — perguntou Dan.
— Um psicólogo famoso criou esse termo ao estudar alguns grupos que assessoravam os presidentes dos Estados Unidos. Irving Janis descobriu que, muitas vezes, a pressão social impedia que os membros discordassem.

— Ah, então o Pensamento Grupal acontece quando os membros do grupo têm medo de discordar e, em função disso, não dizem nada — reagiu Dan, pensativo. — Ninguém quer pôr em risco a harmonia.
— Exatamente. Nesse momento, o meu papel é incentivar as divergências e ajudar a equipe a trabalhar o conflito. Minha preocupação é fazer com que o grupo desenvolva segurança para lidar com as divergências e valorizar as diferenças. Todas essas atividades são importantes no Estágio da *Resolução*... o estágio em que esse grupo se encontra.
"Além disso, o grupo estava começando a gerenciar a si mesmo. Mas se eu continuasse a dirigi-lo, isso nunca aconteceria. Meu papel neste estágio é apoiar as suas tentativas de autogestão e dar o exemplo como membro eficaz do grupo.
— Mas e se eles realmente tiverem problemas? — perguntou Dan.
— Eu estaria lá — respondeu Louise com um sorriso.
— Eu tinha certeza de que estaria — falou Dan.
— Obrigado. Você me ajudou muito.
— De nada — disse Louise, entregando um cartão a Dan. — "Aquele" amigo nosso pediu que eu lhe entregasse esse cartão que descreve o Estágio 3: Resolução.

Estágio de Desenvolvimento de Grupo 3 — Resolução

Características

Os membros:

- Sentem insatisfação decrescente
- Reduzem as discrepâncias entre expectativas e realidade
- Reduzem as polaridades e animosidades
- Desenvolvem a harmonia, confiança, apoio e respeito mútuos
- Desenvolvem a auto-estima e segurança
- Praticam maior abertura e mais *feedback*
- Assumem responsabilidade e compartilham o controle
- Utilizam uma linguagem de grupo ("nós" em vez de "eu")

— Quais foram as maiores lições das suas visitas aos nossos grupos de trabalho? — perguntou o Gerente-Minuto quando Dan Brockway entrou em seu escritório.

— Para começar, existem quatro diferentes estágios de desenvolvimento de grupo em que uma equipe pode se encontrar a qualquer momento. O primeiro, para a maioria dos grupos, é a *orientação*, onde a *produtividade* é *baixa* porque os objetivos e as atribuições não estão claros para os membros do grupo e eles possuem um conhecimento mínimo de como trabalhar em equipe. Entretanto, o *moral é alto*, porque todos estão entusiasmados por fazer parte do grupo e têm grandes expectativas.

"No outro extremo, fica a *produção*, onde a equipe está tinindo de eficiência. A *produtividade* é *alta*, já que os membros do grupo possuem conhecimento, habilidades e *moral* para serem uma equipe de *alto* desempenho. Entre esses dois extremos, há dois estágios: *insatisfação*, quando a lua-de-mel termina e as grandes expectativas iniciais do grupo são consideradas difíceis de ser alcançadas; e a *resolução*, quando o grupo está aprendendo a trabalhar junto, esclarecendo diferenças e desenvolvendo confiança e coesão.

— Bom resumo — afirmou o Gerente-Minuto. — Você aprendeu mais alguma coisa?
— Notei que a produtividade aumentou vagarosamente durante os quatro estágios. Começou baixa na orientação e continuou a crescer durante a insatisfação e resolução, até ficar alta na produção. Por outro lado, o moral ou entusiasmo começou alto na orientação e depois caiu na insatisfação, mas depois aumentou novamente na resolução e na produção.
— Fico impressionado por você ter reparado isso — disse o Gerente-Minuto. — Um teórico do desenvolvimento de grupo encaixou essas dimensões num gráfico que demonstra como o moral e a produtividade variam durante cada estágio. É mais ou menos assim — disse o Gerente-Minuto e desenhou o gráfico.

ESTÁGIOS DE DESENVOLVIMENTO DE GRUPO

Adaptado de R. B. Lacoursiere, *The Life Cycle of Groups: Group Developmental Stage Theory* (Nova York: Human Service Press, 1980).

"EDG significa 'Estágio de Desenvolvimento de Grupo'. Veja como as dimensões da produtividade e do moral se alteram — disse o Gerente-Minuto.
— Isso é muito útil — afirmou Dan. — Tudo fica muito claro.
— Geralmente os gráficos valem por mil palavras. Você tem algum outro comentário?
— Tenho — respondeu Dan. — Parece que cada estágio precisa de um tipo diferente de liderança. Eu preciso de mais informação sobre isso. Como é que o líder do grupo sabe qual a melhor maneira de trabalhar com a equipe durante cada estágio?

— Parece que você já conhece a fundo o diagnóstico e está pronto para aprender a flexibilidade... quando utilizar um certo estilo de liderança. Isso requer que você se transforme num *Líder Situacional* — disse o Gerente-Minuto, sorrindo.

— No quê?

— Num Líder Situacional — repetiu o Gerente-Minuto. — Durante muito tempo, se acreditou que só havia duas maneiras de gerir um grupo de pessoas: autocraticamente ou democraticamente. Na liderança autocrática, a ênfase consistia em dizer ao grupo o que fazer, como fazer, onde fazer e quando fazer. O desempenho do grupo era o fator predominante. Na liderança democrática, a ênfase estava em escutar as pessoas, elogiar seus esforços e facilitar suas interações umas com as outras. O moral do grupo era considerado o melhor modo de maximizar o seu desempenho. Havia dois problemas com esses dois extremos de liderança.

— Aposto que um deles era encarar as coisas na base do "isto ou aquilo" — interpôs Dan. — Isso sempre leva a uma maneira de olhar para o mundo do tipo: "Eu estou certo, você está errado."

— Exatamente — concordou o Gerente-Minuto.
— Como conseqüência, teríamos grandes oscilações em termos de gerir grupos. Se você fosse autocrático demais, as pessoas reclamariam depois de certo tempo e diriam: "Você é durão demais. Você está sufocando a criatividade" ou "Você está controlando tudo". Então, se sentindo mal, o líder mudaria para o outro extremo e envolveria todos nas tomadas de decisão, com um estilo de liderança mais democrático e participativo.

— Mas isso também poderia ser exagerado, não é? — perguntou Dan.

— Exatamente. E logo todos estariam reclamando de que as pessoas estão se sentindo bem, mas não há resultados. As atividades sociais são excessivas ou as reuniões são demoradas demais.

— E logo ia acontecer outra mudança drástica para o outro extremo — falou Dan, rindo. — Um verdadeiro ioiô. Já vi isso acontecer.

— É isso mesmo — disse o Gerente-Minuto. — O que me agrada na Liderança Situacional é ela eliminar esse vaivém e, ao mesmo tempo, reconhecer a existência de dois comportamentos envolvidos na liderança: o comportamento diretivo ou autocrático e o comportamento de apoio ou democrático.

O Gerente-Minuto começou a desenhar um grande quadrado e o dividiu em quatro partes iguais. Quando terminou de dar nome aos quadrantes, entregou o desenho para Dan:

OS QUATRO ESTILOS DE LIDERANÇA DA LIDERANÇA SITUACIONAL® II

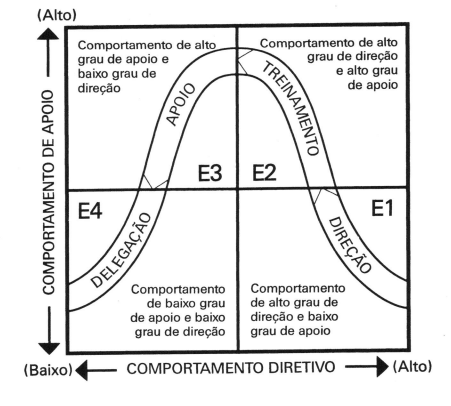

— Logo que saí da faculdade trabalhei como professor — continuou o Gerente-Minuto enquanto Dan desviava seus olhos do desenho. — Havia duas maneiras diferentes de ensinar, dependendo das suas pressuposições a respeito de crianças. Uma delas supunha que crianças vão à escola com os tanques vazios de conhecimento e experiência. Nesse caso, qual seria o papel do professor?

— Encher os tanques com conhecimento — respondeu Dan, sorrindo.

— Exatamente — falou o Gerente-Minuto. — Para mim, direcionar é um estilo do tipo "encher o tanque". É exatamente disso que se precisa quando um grupo encontra-se no estágio de desenvolvimento chamado orientação. As pessoas ficam confusas quanto a atribuições e objetivos, e existe uma necessidade enorme de informações e habilidades. Nesse estágio, uma grande dose de comportamento de apoio não é necessária porque os membros do grupo já estão entusiasmados e empenhados.

— Foi esse o estilo que Ron Tilman usou com seu grupo de trabalho, e pareceu apropriado.

— E era — afirmou o Gerente-Minuto. — Se Ron tivesse começado sendo participativo e apoiador, teria sido inadequado porque o grupo foi à reunião precisando de informação e de direção. Os tanques estavam *vazios*.

— Então, quando é mais importante ser apoiador?
— Quando o grupo já possui tanto experiência quanto habilidades em atuar juntos, mas, por algum motivo, ficou atolado. Na nossa analogia com o ensino, a segunda maneira pressupõe que os alunos vêm para a aula com o "tanque *cheio*" de conhecimento e experiência, mas este não está bem organizado. Por isso, o papel do professor é extrair dos alunos esse conhecimento e experiência e ajudá-los a organizar tudo. O apoio é como que "extrair o conteúdo do tanque". O líder ouve, apóia e cria condições favoráveis para as interações do grupo.
— Foi isso que Louise Gilmore fez com a equipe de planejamento estratégico — afirmou Dan. — Ela extraiu quase tudo do grupo.
— Era a atitude certa para aquela equipe — confirmou o Gerente-Minuto. — Eles já tinham superado o Estágio de Insatisfação e estavam aprendendo a trabalhar juntos. Não precisavam de muita orientação porque já haviam desenvolvido as habilidades necessárias para funcionar como equipe.
— Como as habilidades de treinamento e delegação se encaixam nisso?
— O treinamento é intenso tanto no comportamento diretivo quanto no comportamento de apoio e a delegação apresenta baixo grau de ambos os comportamentos — explicou o Gerente-Minuto.

— Nesse caso, o treinamento seria uma atividade do tipo "encher" e "esvaziar" o tanque.
— Sem dúvida — falou o Gerente-Minuto. — Envolve direcionar e apoiar, falar e ouvir.
— Susan Schaefer utilizou esse estilo com seu grupo de aumento da produtividade. Como eles estavam insatisfeitos, o moral estava caindo e precisavam do apoio dela.
— Mas, como ainda estavam desenvolvendo habilidades como um grupo, também precisavam de direção — completou o Gerente-Minuto.
— Com o estilo de delegação que Neil utilizou com o departamento de expedição — disse Dan —, não é necessário "encher o tanque" nem "esvaziá-lo", porque o tanque do grupo está cheio e organizado.
— Você entendeu bem — afirmou o Gerente-Minuto. — Agora, já sabe por que a flexibilidade é importante.
Dan reclinou-se, refletindo, e disse:
— Parece que...

*

*OS LÍDERES EFICAZES
FLEXIBILIZAM SEU ESTILO
A FIM DE
PROPORCIONAR AO GRUPO
O QUE ESTE
NÃO CONSEGUE
PROPORCIONAR
A SI MESMO*

*

— Essa é uma boa colocação — afirmou o Gerente-Minuto. — Para que qualquer grupo seja eficaz, alguém tem de cuidar das funções de tarefa e das funções de manutenção. A questão é se precisa ser o líder do grupo ou não.
— Funções de tarefa? — perguntou Dan.
— *Funções de tarefa* são comportamentos enfocados na realização do trabalho. Eles se focalizam naquilo que o grupo deve fazer. Funções de tarefa incluem atividades, tais como programar uma agenda, estabelecer objetivos, dar orientação, iniciar discussões, estabelecer prazos, dar e solicitar informações e resumir.
— Então, as funções de tarefa estão relacionadas com o comportamento diretivo — afirmou Dan. — O que são funções de manutenção?
— As *funções de manutenção* do grupo se focalizam no desenvolvimento e na manutenção da harmonia e da coesão do grupo. Essas atividades se concentram em como o grupo está funcionando. Incluem elogiar, escutar, incentivar a participação, administrar conflitos e consolidar relacionamentos.
— Todos esses são comportamentos de apoio?
— Com certeza — disse o Gerente-Minuto. — O que você precisa aprender, e a Liderança Situacional certamente o ajudará, é que embora essas funções precisem ser realizadas para que o grupo seja eficaz, sua realização não é necessariamente função do gerente ou do líder do grupo. De fato, quando os membros do grupo são capazes de assumir essas funções, é melhor que o gerente se afaste dessas atribuições.

— Então, ocorre uma transição suave de estilo de liderança e funções à medida que o grupo progride — concluiu Dan.

— É exatamente isso — confirmou o Gerente-Minuto. "No Estágio de Orientação, os membros do grupo trazem entusiasmo e empenho para as reuniões, mas pouco conhecimento; por isso, precisam de Direção-E1. No Estágio de Insatisfação, os membros do grupo não têm um alto nível de competência nem de empenho. Eles estão com problemas tanto em relação à tarefa quanto ao modo de trabalhar juntos, por isso precisam de direção e apoio (Treinamento-E2). No Estágio de Resolução, os membros do grupo têm habilidades para um bom desempenho, mas ainda precisam desenvolver a confiança ou o moral; portanto, precisam de apoio e estímulo (Apoio-E3). E, finalmente, quando um grupo atinge o Estágio de Produção, os membros possuem habilidades e moral elevados a ponto de permitir que o líder fique de fora ou junte-se a eles, deixando-os trabalhar com interferência mínima (Delegação-E4).

— Então, no Estágio de Orientação, as funções de tarefa são a principal preocupação do líder — complementou Dan. — Enquanto está no Estágio de Insatisfação, o grupo não é capaz de resolver problemas relacionados à tarefa ou manutenção. Como conseqüência, a responsabilidade por ambos recai sobre o líder. No Estágio de Resolução, o grupo dá conta das tarefas, mas precisa de ajuda na manutenção. E, finalmente, no Estágio de Produção, os membros do grupo cuidam das funções tanto de tarefa como de manutenção.

— PARECE que você entendeu bem esses conceitos — disse o Gerente-Minuto.
— Entendi, sim. É incrível perceber como tudo se encaixa. Não vejo a hora de me encontrar com Maria Sanchez e contar a ela o que aprendi.
— É uma boa idéia — disse o Gerente-Minuto.
— Acho que uma das melhores maneiras de testar meu próprio conhecimento é tentar ensinar outra pessoa.
— Ótimo — afirmou Dan. — Acho que vou telefonar para ela logo que voltar para o escritório e combinar para almoçarmos juntos.
— Olhe, eu gostaria de conhecer Maria — falou o Gerente-Minuto. — Você se importa se eu for com vocês para observar a troca de idéias?
— Seria perfeito — replicou Dan. — Para mim, seria um ótimo teste. E como você me convenceu de que Maria é muito perceptiva, ela poderia fazer algumas perguntas que eu não saberia responder. Vamos telefonar para ela agora mesmo e combinar o horário.

Naquela sexta-feira, Dan, Maria e o Gerente-Minuto almoçaram juntos. Após pedirem as refeições, Dan tirou um folheto de sua pasta e começou:

— Maria, aquela carta que você me escreveu sobre trabalho de equipe estava realmente me preocupando, de modo que telefonei para o meu amigo, o Gerente-Minuto, e pedi ajuda a ele. Eu queria alguns conselhos sobre como convencer você de que o que estávamos ensinando era certo. Para minha surpresa, ele concordou com os seus comentários sobre a importância de trabalhar em grupo. Ele me mostrou como trabalhar em grupos é diferente de gerenciar individualmente. Passei algum tempo observando grupos em ação e conversando com o Gerente-Minuto sobre desenvolvimento de equipes e liderança. Gostaria de compartilhar com você o que aprendi e foi por isso que organizei esse diagrama de Liderança Situacional e acho que ele resume como um líder pode trabalhar melhor com um grupo e transformá-lo numa equipe de alto nível de desempenho. — Dan tirou o diagrama da maleta, explicou os estágios de desenvolvimento de grupo, dizendo a Maria que cada um necessitava de diferentes tipos de liderança, e descreveu as mudanças na produtividade e no moral que ocorriam com o passar do tempo.

LIDERANÇA SITUACIONAL® II

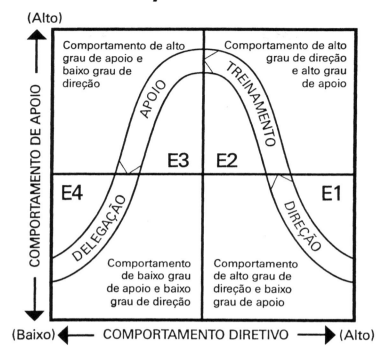

*Adaptado de R. B. Lacoursiere, *The Life Cycle of Groups: Group Developmental Stage Theory* (New York: Human Service Press, 1980).

COMO ADEQUAR O ESTILO DE LIDERANÇA AO ESTÁGIO DE DESENVOLVIMENTO DO GRUPO

MARIA ouvia com atenção, enquanto Dan falava. Quando ele terminou, ela disse:
— Vamos ver se entendi. Primeiro, preciso ser clara quanto aos objetivos e às tarefas do grupo. Segundo, tenho que determinar o estágio de desenvolvimento do grupo em relação àquela tarefa.
— Até agora, está certo — disse Dan —, e não esqueça de considerar o moral ou empenho do grupo, assim como a competência ou produtividade.
— Certo — continuou Maria. — Em terceiro lugar, devo definir que estilo combina com o estágio de desenvolvimento do grupo.
— Correto — afirmou Dan. — Cada estilo de liderança varia em termos da quantidade de direção, apoio e envolvimento do grupo na tomada de decisões. No E1, o líder é basicamente responsável pelo direcionamento. No E4, o grupo estabelece a direção e toma decisões.
— Acho que entendi, Dan. Parece claro e direto, e acho que se aplica a alguns grupos com que estou trabalhando. Eu gostaria de testar alguns conceitos seus e ver como funcionam para mim. Você acha que é possível nos reunirmos daqui a duas semanas para debater esses conceitos depois de eu ter tido a oportunidade de usá-los?

O Gerente-Minuto interveio e falou:
— Acho a idéia excelente. Depois de testar os conceitos, talvez você tenha algumas ponderações e perguntas adicionais. Eu ficaria na expectativa dessa conversa.
— Eu também — falou Dan. — Maria, que bom você ter escrito aquela carta. Aprendi muito com tudo isso, e vou continuar refletindo. Vamos nós três nos reunir daqui a duas semanas, no mesmo lugar e hora.

Durante as duas semanas subseqüentes, Maria concentrou-se basicamente em dois grupos. O primeiro era um grupo de trabalho de qualidade, que fora criado recentemente e era fácil diagnosticar que estava no Estágio de Orientação. O grupo ainda não estava seguro sobre os objetivos e não havia definido as atribuições de cada participante ou um plano de ação. Maria resolveu concentrar a energia do grupo em entender os objetivos, estabelecer atribuições e definir as habilidades e os primeiros passos necessários. A reunião teve um bom andamento, e Maria ficou satisfeita com o progresso conseguido.

O outro grupo era a própria unidade de trabalho de Maria. Foi mais difícil para ela diagnosticar em que estágio este se encontrava. Os membros do grupo pareciam gostar, apreciar e apoiar uns aos outros, mas havia um certo constrangimento e certa tensão entre alguns deles. Ela não conseguiu determinar se estavam no Estágio de Insatisfação ou Resolução e, por isso, teve mais dificuldade para definir que estilo de liderança funcionaria melhor. Maria não sabia se sua ligação estreita com o grupo poderia estar distorcendo suas interpretações. Enquanto refletia sobre seu trabalho, preparando-se para o encontro com Dan e o Gerente-Minuto, ela anotou diversas perguntas em seu caderno:
1. Um grupo pode mudar da Orientação para a Produção sem o auxílio de um líder de equipe?
2. Quando determino o estágio de desenvolvimento do grupo e decido qual o estilo de liderança, durante quanto tempo devo manter esse estilo de liderança?
3. O envolvimento do gerente com a unidade pode comprometer sua capacidade em diagnosticar o estágio de desenvolvimento?

Quando Maria, Dan e o Gerente-Minuto se encontraram, ela logo começou a falar.
— Estou contente de ver vocês. Tive certo sucesso usando o modelo, mas ainda tenho algumas dúvidas. Anotei minhas perguntas nesta folha.
Dan e o Gerente-Minuto leram a lista.
— São observações muito importantes — afirmou o Gerente-Minuto. — Acho que devemos considerá-las uma por uma.
— Espere um minuto — disse Dan. — Eu gostaria de acrescentar outra pergunta à lista. Uma das unidades na minha fábrica estava funcionando maravilhosamente há seis meses, mas, quando estive lá, na semana passada, as pessoas me pareceram inseguras, relutantes para falar, e senti certa tensão disfarçada. Não parecia a mesma equipe que eu tinha visto no mês passado, por isso pergunto: "É possível os grupos regredirem a um estágio anterior de desenvolvimento? Em caso afirmativo, por que e o que pode ser feito para prevenir isso?"
— É uma lista de perguntas e tanto — disse o Gerente-Minuto. — Vamos terminar o almoço e voltar para o escritório. Acho que podemos trabalhar melhor com um *flipchart* e mais espaço para o nosso trabalho.
De volta ao escritório, enquanto Maria colocava as quatro perguntas numa folha de *flipchart*, o Gerente-Minuto trouxe um cartaz de sua sala de reuniões e colou-o na parede.

*A
FUNÇÃO
MAIS IMPORTANTE
DE UM LÍDER DE EQUIPE
É AJUDAR O GRUPO
A PASSAR PELOS
ESTÁGIOS
DE DESENVOLVIMENTO*

O GERENTE-MINUTO explicou:
— Afixei esse cartaz porque acho que está relacionado à sua primeira pergunta, Maria.
— A partir dele — falou Maria —, imagino que diagnosticar o estágio de desenvolvimento e ser suficientemente flexível para aplicar o estilo de liderança adequado são as duas primeiras habilidades, mas são apenas o início. Minha função básica é continuar mudando de estilo sempre que necessário, para ajudar o grupo a passar pelos estágios até o Estágio 4, onde eles serão uma equipe de alto nível de desempenho.
— É exatamente isso — disse o Gerente-Minuto.
— Agora estamos falando sobre a terceira habilidade... empoderamento... que um líder de grupo eficaz precisa desenvolver, além de diagnóstico e flexibilidade. O empoderamento implica passar gradualmente a responsabilidade pela direção e apoio para o grupo. É gerenciar a jornada que vai da dependência do líder para a interdependência, do controle externo para o controle interno. Posso ilustrar isso melhor, voltando aos quatro estilos básicos da Liderança Situacional II.
    O Gerente-Minuto rapidamente desenhou o modelo num segundo *flipchart* que tinha na frente da sala.

LIDERANÇA SITUACIONAL® II

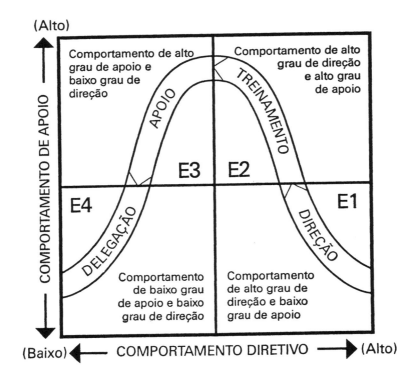

OS QUATRO ESTILOS BÁSICOS DE LIDERANÇA

— Imagine que a curva que passa pelos estilos de liderança sejam os trilhos de uma ferrovia. Se você quiser ir do Estilo 1 ao 4, em que duas estações vai ter de parar ao longo do caminho?
— Estilo 2: Treinamento e Estilo 3: Apoio — falou Dan. — Se isso é verdade, então imagino que não é possível pular um estágio. Ou seja, não se poderia passar direto da Orientação para a Produção.
— Com exceção de alguns grupos que poderiam começar no Estágio 2 conforme conversamos antes, os grupos normalmente não pulam estágios. Não importa quão avançada seja a experiência dos membros da equipe sobre a tarefa ou dinâmica de grupo: eles ainda precisam criar uma equipe, e o processo de desenvolvimento de uma equipe de alto desempenho requer passar por esses estágios. Isso também significa que o seu estilo de liderança precisa seguir o mesmo caminho; você não pode pular um estilo.
— Isso é muito interessante — falou Maria. — Lembro-me de muitas vezes quando comecei utilizando um estilo de apoio (E3), participativo, com um novo grupo, particularmente quando o grupo era montado como um círculo de qualidade ou um grupo de solução de problemas dos funcionários.
— O que aconteceu?
— Foi péssimo — disse Maria. — Levava-os diretamente à insatisfação. Em seguida, por não saber o que estava fazendo, eu ficava com raiva e passava direto do Estilo 3, Apoio, para o Estilo 1, Direção. E isso realmente fazia o grupo ficar mais irritado e infeliz.

— Meu método, baseado na experiência — disse o Gerente-Minuto —, é o de, na dúvida, seja com um grupo novo ou com outro já estabelecido, começar usando um estilo mais diretivo porque, se você fez um diagnóstico errado e o grupo já está num estágio de desenvolvimento mais adiantado do que você pensava, é mais fácil ser menos rígido do que apertar as rédeas. Mas, se você pressupõe que o grupo está mais adiantado do que na realidade está e começa sendo participativo e apoiador demais e precisa voltar atrás e ser mais diretivo, os membros vão se ressentir, mesmo sendo um comportamento adequado.

— Então, você está dizendo que as pessoas, em geral, se ressentem com o endurecimento de um estilo de liderança — disse Maria.

— Sem dúvida — afirmou o Gerente-Minuto. — Eu costumava dizer à minha mulher, quando ela era professora, para não sorrir muito até o final do primeiro semestre. Se ela começasse as aulas dando uma de *Miss* Simpatia e quisesse logo tornar-se amiga das crianças e elas não tivessem um bom rendimento, seria dificílimo manter o controle.

— Acho que acredito nessa administração da jornada para os líderes de grupo e reconheço a importância de seguir os trilhos da ferrovia. Mas gostaria de obter a resposta à minha segunda pergunta sobre quanto tempo se deve ficar em cada estação — disse Maria.

— LEMBRE-SE de nossa conversa de algumas semanas atrás — disse o Gerente-Minuto —, quando falamos que um estilo de direção é adequado para o Estágio de Orientação. É um estilo de partida e deveria ser utilizado para compartilhar informações necessárias, explicar objetivos e tarefas iniciais e ajudar o grupo a desenvolver as habilidades necessárias para se tornar mais eficaz. Mas, se um gerente utiliza, durante um período longo demais, um estilo altamente diretivo, os membros da equipe logo se ressentirão por precisarem sempre ouvir o que fazer e como fazer. Eles sentirão menos vontade de contribuir com suas próprias idéias e opiniões. Como conseqüência, a produtividade, a satisfação e a criatividade vão diminuir.

— Isso faz muito sentido para mim — falou Maria. — Todas as vezes em que me encontro nesse tipo de situação de grupo, não sinto ter muita influência pessoal e logo perco o interesse.

— Está certo — disse o Gerente-Minuto. — E por isso é importante mudar rapidamente para um estilo de treinamento e começar a incentivar os membros a compartilharem suas idéias e opiniões. As pessoas começam a se sentir empoderadas quando suas idéias são valorizadas. Lembre-se de que um grupo pode ter objetivos de processo, tais como comunicação aberta e liderança compartilhada, assim como objetivos de tarefa. Explicitar esses objetivos freqüentemente representa uma boa maneira de deslocar-se para um estilo de treinamento e incentivar contribuições dos membros da equipe.

— Boa idéia — afirmou Maria. — Mas por que os grupos passam para um estágio de insatisfação se o comportamento da liderança mudou para o treinamento no momento adequado?

— É uma boa pergunta — declarou o Gerente-Minuto. — Seria ótimo evitar aquele estágio de insatisfação e passar a ser uma equipe de alto desempenho. Usar o estilo de liderança adequado no momento exato pode certamente diminuir a insatisfação, mas nunca vai eliminá-la. À medida que as pessoas começam a expressar suas opiniões e suas necessidades, as diferenças vão aparecendo. Como resultado, alguns membros tornam-se competitivos e entram em disputas pelo poder, outros se omitem, enquanto outros ficam desanimados e frustrados com a dificuldade da tarefa. A realidade do trabalho se instala quando a lua-de-mel termina. Durante o Estágio de Insatisfação, o grupo está lutando por um sentido de propósito e independência. É um período de turbulência.

— É verdade. Parece uma coisa para ser evitada sempre que possível — disse Maria.

— De jeito nenhum! — exclamou o Gerente-Minuto. — Também é um estágio criativo e dinâmico. Conforme disse a Dan, é o período da adolescência na vida de um grupo. O grupo tem de passar por esse período desajeitado antes de poder ingressar na maturidade e no Estágio de Produção. Infelizmente, muitos grupos ficam bloqueados nesse estágio, o que leva aos sentimentos negativos tão comuns sobre o trabalho em grupos. Sinto que reconhecer esse estágio como inevitável ajuda a manter meu empenho em persistir e progredir para o estágio seguinte.

"Nesse momento — continuou o Gerente-Minuto —, é preciso reduzir gradualmente a quantidade de direção e aumentar o incentivo e apoio dados pelo gerente. O moral está em baixa, e por isso temos que encontrar maneiras de flagrar a equipe fazendo coisas certas, bem como continuar ajudando-a desenvolver habilidades e conhecimento. A equipe tem de aprender a gerir sua comunicação e tomada de decisões. Precisa desenvolver regras básicas para ouvir e resolver conflitos, e incentivar a contribuição de todos. Lembre-se disso, precisamos tentar proporcionar o tipo de comportamento que a equipe não é capaz de proporcionar a si mesma.

Dan interveio animado e disse:
— O que você acabou de falar foi uma luz para mim. Não se pula, simplesmente, de um estilo diretivo para um estilo de treinamento. É preciso reduzir gradualmente a quantidade de direção ou comportamento de tarefa e aumentar a quantidade de apoio ou comportamento de processo à medida que se avança através dos estágios.

— Você entendeu bem — afirmou o Gerente-Minuto. — É um processo passo a passo. E não esqueça: além de aumentar o apoio e reduzir a direção, você também está ampliando o envolvimento da equipe no processo de tomada de decisão. Este, por si mesmo, é um comportamento apoiador, um comportamento empoderador. A responsabilidade da equipe tanto pela tarefa quanto pelo processo está crescendo e, conseqüentemente, a equipe deveria se tornar menos dependente do líder formal.

— O que acontece se esse processo continuar? — perguntou Dan. — O líder do grupo perde sua função?

— Não é bem assim — disse o Gerente-Minuto.

— Sempre existe uma função para um líder de equipe, mas isso não significa manter o controle ou fazer com que a equipe continue dependente dele. Na verdade:

*
VOCÊ
NUNCA, JAMAIS
*TERÁ
UMA EQUIPE
EMPODERADA E
AUTODIRIGIDA,
A NÃO SER
QUE O GERENTE
ESTEJA DISPOSTO
A COMPARTILHAR
O CONTROLE*
*

"Se estivermos interessados em produtividade e satisfação humana — continuou o Gerente-Minuto —, é importante que todas as pessoas envolvidas tenham o poder de influenciar as decisões que as afetam.

— Pode ir além da produtividade e da satisfação — ponderou Maria. — Li um artigo outro dia sugerindo que as pessoas envolvidas em decisões no trabalho vivem mais do que as outras.

— Interessante — disse o Gerente-Minuto —, e faz sentido. Sei que as situações mais devastadoras na minha carreira são aqueles momentos quando não posso opinar sobre decisões importantes que me afetam no trabalho.

— Bem, voltando ao desenvolvimento de grupo e mudanças no comportamento de liderança — interveio Maria —, o líder tem de gradualmente abrir mão do controle para o grupo se tornar bem-sucedido e autodirigido.

— Não é bem abrir mão — disse o Gerente-Minuto — e sim estar disposto a compartilhá-lo. Quando isso acontece, o líder já não está tomando decisões pelo grupo, mas participando dessas decisões. O grupo em que o líder é um membro agora forma uma equipe autodirigida.

— É uma mudança difícil para muitos de nós — falou Dan —, porque, como gerente, aprendi que minha função é tomar decisões e manter o controle.

— Eu sei — disse o Gerente-Minuto —, e o que estou sugerindo é que sua função como gerente é ajudar pessoas e equipes a evoluírem de modo a ter competência, empenho e capacidade para participar das tomadas de decisão. Lembre-se de que uma equipe de alto desempenho é mais criativa e mais capaz na solução de problemas do que qualquer indivíduo trabalhando sozinho.

— Acho que você respondeu minhas duas primeiras perguntas sobre a função do líder de grupo e quanto tempo se deve permanecer num determinado estilo de liderança — falou Maria. — É melhor discutirmos a pergunta de Dan sobre regressão antes de prosseguirmos para minhas preocupações a respeito de diagnóstico e envolvimento.

— Por mim, tudo bem — concordou o Gerente-Minuto. — Comece, Dan.

— Quando os grupos alcançam o Estágio de Produção, alguma vez regridem?

— Regridem — respondeu o Gerente-Minuto. — Quando o grupo recebe, perde ou troca membros, quando muda a tarefa ou quando ocorre um evento importante que altera o funcionamento do grupo, ele volta para o Estágio 3 ou mesmo para o Estágio 2. Você pode esperar por isso.

— Como líder, então, é necessário modificar o estilo de liderança para adequá-lo ao estágio — afirmou Dan.

— Exatamente. Quando você está lidando com uma equipe de alto desempenho e está delegando, se acontece um problema, você não pode sair de Delegação (Estilo 4) para voltar a Direção (Estilo 1). Seria o descarrilamento máximo. Você tem de voltar ao Apoio (Estilo 3) e tentar descobrir o que há de errado. Em seguida, você determina se precisa voltar para Treinamento (Estilo 2) e redirecionar ou repreender para que o grupo volte a funcionar bem.

— Então, quando ocorre um retrocesso — disse Dan —, você está sugerindo que preciso seguir os trilhos e voltar um estilo de liderança por vez até conseguir fazer com que o grupo trate do problema.

— É isso — disse o Gerente-Minuto. — Mas tenha cuidado para não descarrilar pulando os trilhos e passando por cima de um estilo para consolidar o crescimento no desenvolvimento do grupo ou voltar atrás para lidar com uma regressão.

— Isso ajuda — afirmou Dan. — Acho que preciso ouvir isso muitas vezes. Vamos passar para a última pergunta de Maria. É possível um gerente ficar tão envolvido a ponto de não conseguir decidir em que estágio o grupo se encontra? Estou particularmente interessado nessa pergunta porque ela envolve o papel do líder como um observador participante da equipe.

— O quê? — Maria admirou-se.

— Antes de eu começar a observar alguns grupos na empresa do Gerente-Minuto, ele me disse que um líder eficaz de equipe precisava ficar totalmente envolvido no *conteúdo* ou agenda... o trabalho do grupo... e, mesmo assim, ser capaz de se distanciar e observar o *processo* ou dinâmica que está ocorrendo.

— É exatamente disso que estou falando — afirmou Maria. — Às vezes, me sinto tão envolvida emocionalmente na decisão que é difícil ter consciência de como ela foi tomada e conseqüentemente em que estágio de desenvolvimento o grupo estava.

— Quando eu estava observando seus grupos — falou Dan, voltando-se para o Gerente-Minuto —, não tive esse problema porque eu não era membro do grupo. Eu só era um *observador do processo*.

— Essa é uma boa observação — afirmou o Gerente-Minuto. — Uma estratégia que utilizo com freqüência para minimizar o impacto que o meu envolvimento pode ter na objetividade da minha observação é designar um membro do grupo para ser o observador do processo e fazer relatórios periódicos sobre o que ele observou na comunicação, tomada de decisões, administração de conflitos ou outras áreas de interesse do grupo. Enquanto tiver essa atribuição, ele ou ela não pode envolver-se no conteúdo da discussão.

— Por que não? — perguntou Maria.

— Ajuda no início, quando os membros estão aprendendo técnicas de observação, separar as duas atribuições. Entretanto, se a qualquer momento da discussão o observador do processo se sentir impelido a participar da discussão, a pessoa pode pedir para ser dispensada da atribuição de observar o processo a fim de poder se envolver no conteúdo. Então, outra pessoa é escolhida para assumir esse papel.

— É interessante — falou Maria. — Então, você utiliza um rodízio no papel de observador do processo.

— Sim — afirmou o Gerente-Minuto. — Isso ajuda a ensinar as técnicas de observação do processo a todos os membros do grupo e aumenta a percepção do grupo sobre seu funcionamento.

"Se aparece um problema ou se ficamos impedidos de prosseguir, podemos usar a informação do processo para nos ajudar a entender esse problema e saber o que fazer a respeito. O fato de estarmos completamente cientes de nosso próprio comportamento ajuda a mover o grupo através dos estágios de desenvolvimento.

— Você poderia explicar isso em mais detalhes? — perguntou Maria.

— Uma vez tive um grupo no Estágio de Insatisfação — disse o Gerente-Minuto. — Estava tão envolvido com ele que me sentia perdido. Sabia que tínhamos problemas, mas não sabia por que ou o que fazer. Não sabia se estávamos no Estágio 1 ou 2.

— Essa diferença não devia estar mais nítida? — perguntou Maria, demonstrando certa surpresa.

— Não, não exatamente. Havia muita energia e a tensão era óbvia. No entanto, as perguntas eram sobre atribuições, objetivos e estratégias que eu pensava serem necessidades do estágio de orientação. Nada se encaixava.

— Continue — falou Maria.

— Bem, num impulso, porque eu era novato nisso, pedi a um participante que ficasse fora do grupo durante uma hora e observasse como estávamos nos comunicando. Dei a ele uma lista de perguntas para servirem de guia: Quem fala? Quem fala com quem? Quem segue quem? No fim de uma hora, ele expôs o relatório. Para nosso assombro, contou durante aquele tempo quarenta interrupções.

"Aquela informação nos ajudou a identificar um problema real característico do Estágio de Insatisfação e a corrigi-lo. Todos os membros do grupo passaram a controlar suas próprias interações e demos grandes passos em direção à resolução — continuou o Gerente-Minuto.

— Entendo — falou Maria. — Você também poderia dar a lista para todos os membros preencherem periodicamente durante uma reunião para controlar seu progresso?

— Poderia. Esse tipo de estrategia estimula a percepção e a responsabilidade mútua para controlar o funcionamento do grupo — disse sorrindo o Gerente-Minuto.

— Que tal utilizar uma pessoa de fora para sentar-se à reunião e controlar o processo do grupo? — sugeriu Dan, que estivera em silêncio. — Desse modo, você não precisaria separar um membro do grupo ou dedicar tempo de reunião para abordar questões de processo.

— Essa também é uma estratégia, e pode ser útil, principalmente, se o grupo está em dificuldade. Às vezes, uma pessoa de fora do grupo, sem envolvimentos, pode dar um *feedback* objetivo que um membro do grupo não conseguiria dar. Poderia ser o estímulo certo de que o grupo necessita. Nesses casos, o observador do processo age como uma "câmera indiscreta" objetiva que elimina qualquer opinião tendenciosa — afirmou o Gerente-Minuto.

— Percebo como isso pode ser muito útil no Estágio de Insatisfação ou sempre que você quiser uma ajuda objetiva de uma fonte externa no desenvolvimento de equipes — concordou Maria.

— Sim. Pode ser de grande utilidade para o grupo — falou o Gerente-Minuto —, mas eu não adotaria isso como sistema regular. Lembre-se de que o importante é transferir as habilidades de observação participante para o grupo. Os membros do grupo precisam assumir a responsabilidade do seu próprio controle, ou nunca se transformarão numa equipe de alto desempenho. Sua função como gerente-minuto é empoderá-los.

— Vejo como isso é essencial — disse Dan. — Os grupos são tão complexos que eu não conseguiria ficar a par de tudo o que acontece.

O GERENTE-MINUTO permaneceu quieto por um momento. Uma expressão pensativa refletia-se em seu rosto. Em seguida, ele falou.

— Anos atrás, meu mentor me transmitiu uma lição convincente sobre empoderamento. Um dia, eu estava reclamando de como me sentia sobrecarregado. Eu era responsável por tudo que acontecia em meu departamento e não conseguia me manter em dia. Ele ouviu pacientemente enquanto eu discursava e vociferava. Em seguida, disse simplesmente: "Você está se desviando de seu papel principal. Sua função é educar seu pessoal, ajudá-los a avançar até o estágio em que possam assumir a responsabilidade por seu trabalho e dar a eles oportunidades para atuar." Fiquei perplexo. Vendo isso, ele continuou a explicar:

*

*AS PALAVRAS
"GERENTE"
E "EDUCADOR"
SÃO SINÔNIMAS*

*

— Você não quer dizer treinador em vez de educador? — perguntou Dan.
— Não — disse o Gerente-Minuto. — Você precisa lembrar-se de que nós treinamos animais mas educamos equipes. Como gerente, você é um professor. Sua função principal é fazer seu pessoal desenvolver-se. Você não pode esperar que seminários ou sessões de treinamento façam isso por você. Em todo grupo, existe um manancial de criatividade e talento. Sua tarefa é ajudar todos os membros do grupo a desenvolverem suas habilidades e conhecimentos para dirigirem a si mesmos *e também* proporcionar um ambiente onde eles sintam vontade de crescer, assumir riscos e responsabilidades e usar a criatividade. Se você não fizer isso, se sentirá sempre como que numa sinuca e, o que é pior, nunca se envolverá com equipes autodirigidas. É uma profecia que se auto-realiza. Se você acreditar que as equipes podem ter alto desempenho e as ajudar a desenvolver as habilidades e os conhecimentos adequados e a liberdade para agir, as equipes vão reagir com criatividade e responsabilidade. Isso vai tornar sua vida muito mais fácil.
— Então, empoderar significa ajudar as equipes a desenvolverem suas habilidades e seus conhecimentos e incentivá-las a usarem seus talentos — acrescentou Maria.

— Exatamente — concordou o Gerente-Minuto.
— É importante lembrar que, para contribuírem de maneira completa, os indivíduos e grupos precisam se sentir livres para isso. Na realidade, precisam saber que você quer que eles vençam. Quando isso acontecer, os grupos vão lutar para ser os melhores. Eles vão estabelecer objetivos desafiadores, assumir responsabilidade e aceitar riscos. Mesmo um *feedback* crítico será aceito se os grupos aceitarem-no como parte de seu processo de desenvolvimento e se o objetivo for ajudá-los a vencer.
— É uma colocação muito importante! — exclamou Maria.
— É o empoderamento — disse, sorrindo, o Gerente-Minuto. — As equipes sentem-se empoderadas quando estão envolvidas, contributivas e produtivas.
— Bem, eu me senti envolvido, contributivo e produtivo, trabalhando com vocês dois — falou Dan.
— Foi uma reunião muito importante para mim. Vocês dois me ajudaram bastante.
— O importante é aprendermos uns com os outros — acrescentou o Gerente-Minuto, olhando para o relógio. — O verdadeiro empoderamento vem da disposição de compartilhar. Não apenas entre nós mesmos, mas com os membros de qualquer equipe. Tenho uma reunião de diretoria daqui a meia hora, por isso preciso ir. Foi um prazer conhecê-la, Maria, e obrigado pela carta que desencadeou tudo isso. Se eu puder ajudar de alguma outra maneira, telefone quando quiser. Boa sorte.
— Obrigada. Vou aplicar esses conceitos em minha própria unidade de trabalho.
— Também estou ansioso para continuar a usar o que aprendi — falou Dan.

Quase que de imediato, Dan e Maria começaram a aplicar o que haviam aprendido com o Gerente-Minuto sobre liderança de grupos. De fato, Dan incluiu os conceitos no curso de Fundamentos de Gerência.

No programa, ele ensinou aos gerentes que os passos para empoderar outras pessoas começam com o *diagnóstico*. Para determinar o estágio de desenvolvimento, sugeriu que poderiam usar as características das equipes de alto desempenho para uma comparação inicial. Todos aprenderam a usar a sigla PERFORM.

Uma vez determinado o estágio de desenvolvimento, Dan disse aos gerentes que o segundo passo seria determinar o estilo de liderança adequado, baseado na quantidade de comportamento diretivo e de apoio e no envolvimento do grupo na tomada de decisão. E depois, finalmente, precisavam ser determinadas as *estratégias específicas* para auxiliar o grupo em seu desenvolvimento, como, por exemplo, esclarecer atribuições e objetivos se estes não fossem claros ou ensinar resolução de conflitos ou designar um consultor de processo se as opiniões dos membros do grupo estivessem ficando polarizadas.

Uma vez determinadas as necessidades específicas, Dan aconselhou os gerentes a desenvolverem um *plano de ação específico para conduzir a jornada* para o empoderamento do grupo. Dan criou um "Plano de Jogo" de bolso para facilitar a transformação dos gerentes, que ele ensinava, em líderes eficazes de equipes.

PLANO DE JOGO
DESENVOLVIMENTO DE GRUPO

1. Determine a visão
   Estabeleça Objetivos e Atribuições

   Depois

2. Diagnostique

ESTÁGIOS DE DESENVOLVIMENTO DO GRUPO

Depois

3. Combine com o Estilo de Liderança Adequado

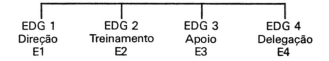

Depois

4. Aplique o Estilo de Liderança Adequado

Depois

5. Comece a administrar a jornada do grupo rumo ao empoderamento

*Adaptado de R.B. Lacoursiere, *The Life Cycle of Groups: Group Developmental Stage Theory* (New York: Human Service Press, 1980).

Maria descobriu que se tornar uma líder de equipe era empolgante, desafiador, mas não era simples. Requeria tempo, persistência e empenho de sua parte. Ser um bom líder de equipe era muito mais difícil do que ser um líder autocrático. Ela aprendeu que, quando se quer empoderar as pessoas, é exaustivo prepará-las para compartilhar a responsabilidade. "É menos cansativo dizer 'façam o que eu digo'", refletiu ela. "Não é um comportamento indicado para os fracos de espírito, mas os resultados são compensadores."

Dan e Maria mantiveram-se em contato desde as sessões com o Gerente-Minuto, porque gostavam de fazer comparações do que haviam aprendido.

— Acho que compartilhar todos os conceitos com a minha unidade de trabalho tem sido a maior ajuda — comentou Maria um dia. — Contei a eles tudo que aprendi com você e o Gerente-Minuto sobre grupos. Queria que todos conhecessem os estágios de desenvolvimento de grupo para que o trabalho de ajudar o grupo a passar de um estágio para o outro não recaísse apenas em cima de mim.

— Eles também ajudaram com o diagnóstico? — perguntou Dan.
— Ajudaram, e muito — respondeu Maria —, e também foi divertido. Eles faziam comentários do tipo: "Olha nós no Estágio 2!" Quando todos nós sabíamos em que estágio o grupo estava, todos ajudavam a fornecer a direção e o apoio necessários.
— Aposto que o pessoal mantém você na linha, não é? — questionou Dan.
Maria sorriu.
— Eles verificam se eu adoto o estilo de liderança adequado. Mas o sentimento de empoderamento que todos nós temos é mais importante do que ter a minha unidade de trabalho envolvida no diagnóstico e na flexibilidade. Ninguém se preocupa se estou atrasada ou se perdi uma reunião. Eles podem assumir a liderança e eu sinto uma nova liberdade e confiança.
— Isso realmente faria o Gerente-Minuto se sentir feliz — falou Dan. — Ele sempre nos disse que:

*

EMPODERAR

SIGNIFICA

<u>DAR LIBERDADE</u>

PARA QUE

OS OUTROS

POSSAM

<u>PROSSEGUIR</u>

*

Fim

Homenagens

Gostaríamos de prestar homenagem às seguintes pessoas cujas contribuições conceituais foram inestimáveis para nós no preparo deste livro:

Ken Benne e *Paul Sheats*, por seu trabalho pioneiro sobre atribuições funcionais de membros de grupo.

Paul Hersey, por seu trabalho criativo com Ken Blanchard no desenvolvimento da teoria da Liderança Situacional.

Irving Janis, pelo desenvolvimento e documentação do conceito de Pensamento Grupal.

R. B. Lacoursiere, por sua análise completa do ciclo de vida dos grupos.

Marshall Sashkin, por sua argumentação corajosa sobre participação como um imperativo ético.

Edgar Schein, por seu raciocínio claro sobre consultoria de processo e observação de grupo.

Jessie Stoner, por suas contribuições ao modelo PERFORM.

National Training Labs Institute, por seu trabalho pioneiro sobre dinâmica de grupo e desenvolvimento de grupo e pelo impacto importante que essa organização teve em nossas vidas.

Também agradecemos pelas resenhas e críticas ponderadas de:

Os Associados da Blanchard Training and Development, incluindo *Marjorie Blanchard, Calla Crafts, Fred Finch, Laurie Hawkins, Alan Randolph, Ruth Anne Randolph, Rick Tate, Pat Zigarmi* e *Drea Zigarmi.*

Os alunos de doutorado na *Universidade de Massachusetts,* numerosos demais para serem mencionados individualmente, por seu *feedback* e sugestões desafiadoras e construtivas.

Os inúmeros participantes de seminários sobre Equipes de Alto Desempenho e programas de desenvolvimento de gerência que revisaram rascunhos anteriores do manuscrito e sugeriram muitas mudanças importantes.

Além disso, gostaríamos de expressar nossos sinceros agradecimentos a *Eleanor Terndrup, Lisa Hendricsen, Katy Clawson, Harry Paul,* e especialmente *Gene Kira* e *Anya D'Alessio* por possibilitarem uma produção tempestiva deste livro.

E, finalmente, a *Robert Nelson* cuja paciência, orientação e intervenções oportunas fizeram tudo acontecer.

Sobre os Autores

POUCAS pessoas têm causado tanto impacto no gerenciamento diário de pessoas e empresas quanto **Ken Blanchard**.

Um autor gregário, requisitado e proeminente, orador e consultor empresarial, ele é caracterizado pelos amigos, colegas e clientes como um dos homens mais perspicazes, poderosos e compassivos no mundo empresarial de hoje. Muitas das "500 Maiores Empresas" da revista *Fortune*, bem como empresas em rápido crescimento, beneficiaram-se com suas idéias únicas sobre gerenciamento e desenvolvimento de pessoal.

Como escritor na área de administração, seu impacto tem sido de grande projeção. Sua Biblioteca do Gerente-Minuto, que inclui *O Gerente-Minuto* (1982), *O Gerente-Minuto em Ação* (1984), *Liderança e o Gerente-Minuto* (1985), *O Gerente-Minuto Mantém a Forma* (1985), *O Gerente-Minuto e a Administração do Tempo* (1989), vendeu mais de sete milhões de cópias e foi traduzida para mais de vinte idiomas. Ele é co-autor, juntamente com o Dr. Paul Hersey, de *Management of Organizational Behavior*, um texto clássico já em sua quinta edição, e *O Poder da Administração Ética* (1988), com o Dr. Norman Vincent Peale.

Blanchard é presidente do conselho de administração da Blanchard Training and Development, Inc., uma empresa de consultoria e treinamento que ele fundou em 1979 com sua esposa Marjorie. Também é titular da cadeira de Liderança, na Universidade de

Massachusetts, em Amherst, e possui o cargo de professor visitante na Universidade de Cornell, onde também é membro eleito do Conselho Diretor.

Foi convidado de vários programas de televisão, incluindo *Good Morning America* e *The Today Show*, e foi citado em artigos de *Time, People, U.S. News & World Report* e diversas outras publicações de grande circulação. Também é editor colaborador do boletim informativo *Executive Excellence*.

Blanchard recebeu seu título de B.A. em Governo e Filosofia da Universidade de Cornell, seu M.A. em Sociologia e Aconselhamento da Universidade Colgate e seu Ph.D. em Administração e Liderança Educacional da Universidade de Cornell.

Don Carew é um respeitado consultor gerencial, treinador e educador e um orador motivacional dinâmico. Faz conferências em órgãos governamentais, educacionais e empresariais nos Estados Unidos, México e Canadá, e sua especialidade são as áreas de liderança, desenvolvimento de grupos, mudança organizacional, envolvimento de pessoal e colaboração nos locais de trabalho.

Seus discursos e seminários são apresentados com entusiasmo e bom humor, e baseiam-se em seus conhecimentos e experiência pessoal. É considerado sincero e sensível, e relaciona-se bem com qualquer tipo de público.

É professor na Divisão de Serviços Humanos e Ciências Comportamentais Aplicadas na Universidade de Massachusetts e também dirige o programa de doutoramento em Estudos Organizacionais de Grupo. É co-autor da linha de produtos de Equipes de Alto Desempenho oferecida pelo Blanchard Training and Development e escreveu inúmeros artigos para jornais profissionais. Também é um associado ativo do Instituto NTL. Possui o grau de bacharel em administração de empresas da Universidade de Ohio, o mestrado em relações humanas da Universidade de Ohio e o doutorado em aconselhamento psicológico da Universidade da Flórida.

Eunice Parisi-Carew é consultora e treinadora em gerenciamento e requisitada oradora motivacional.

Com vasta base de experiência em muitas facetas de gerenciamento e desenvolvimento organizacional, ela criou, implementou e dirigiu projetos de treinamento e consultoria para várias das maiores empresas americanas, incluindo Merrill Lynch, AT&T, Hyatt Hotels, Transco Energy Company e o Departamento de Saúde, Educação e Bem-Estar.

Como oradora, comunica-se facilmente com o público. Demonstra sinceridade e conhecimento, e mantém as pessoas interessadas e envolvidas. Tem sensibilidade com as necessidades de um grupo e, com freqüência, é considerada eloqüente, cativante e dotada de senso de humor.

Desenvolvimento de equipes, liderança, aumento de produtividade, ética, serviço a clientes e gerenciamento de vida estão entre os inúmeros tópicos abordados por ela em seminários, palestras e artigos. Também é co-autora da linha de produtos de Equipes de Alto Desempenho oferecida pelo Blanchard Training and Development. Dirigiu um programa de graduação em Dinâmica e Liderança de Grupo na Universidade de Hartford e é membro do corpo docente da American University. Também é membro da diretoria do Instituto NTL. Atualmente, é vice-presidente de Serviços Profissionais da Blanchard Training and Development. Recebeu seu Ed.D. em ciências comportamentais da Universidade de Massachusetts, e também é psicóloga licenciada no estado de Massachusetts.

Serviços Disponíveis

A Blanchard Training and Development, INC. (BTD), fundada em 1979, é uma das principais empresas americanas na área de Treinamento, Consultoria e Desenvolvimento de Recursos Humanos com uma ampla linha de produtos e serviços em Gerência-Minuto, Liderança Situacional II, Desenvolvimento de Equipes de Alto Desempenho, Autoliderança, Atendimento a Clientes, Liderança para a Qualidade Total, Ética, Administração da Mudança e outras.

A linha de produtos de Desenvolvimento de Equipes de Alto Desempenho combina os ensinamentos da Dinâmica de Grupos com as habilidades de Desenvolvimento de Equipes, associados aos conceitos da Liderança Situacional II. Este programa tem ajudado a organizações de todos os tipos e tamanhos a aumentar sua produtividade e a obter maior desempenho e eficácia de suas equipes de trabalho.

Os materiais produzidos pela BTD incluem fitas de vídeo e de áudio, manuais de instrutores e participantes, instrumentos e outros recursos instrucionais que são distribuídos em mais de 30 países, nos idiomas locais.

Para maiores informações sobre produtos e serviços baseados em "O Gerente-Minuto Desenvolve Equipes de Alto Desempenho" e outros assuntos correlatos, favor contatar:

Blanchard Training and Development, Inc.
125 State Place
Escondido, CA 92029
(619) 489-5005 ou DDG (800) 728-6000

Representada, com exclusividade, no Brasil por:

Intercultural Sistemas e Materiais de Treinamento
Prof. Peter Barth, Presidente
Rod. Philúvio Cerqueira Rodrigues, 5000 — Itaipava
25745-001 Petrópolis-RJ
Tel.: (0242)22-2422 — Fax: (0242)22-3226

Este livro foi impresso no
Sistema Digital Instant Duplex da Divisão Gráfica da
DISTRIBUIDORA RECORD DE SERVIÇOS DE IMPRENSA S.A.
Rua Argentina, 171 - Rio de Janeiro/RJ - Tel.: 2585-2000